中考热点作家

深度还原考场真题，感受语文阅读题的魅力
一书在手，阅读写作都不愁

招　手

彭　程／著

中国出版集团有限公司
世界图书出版公司
上海　西安　北京　广州

图书在版编目（CIP）数据

招手 / 彭程著 . — 上海 : 上海世界图书出版公司，2024.4

（中考热点作家 / 李继勇主编）

ISBN 978-7-5232-1102-1

Ⅰ . ①招… Ⅱ . ①彭… Ⅲ . ①阅读课—中学—教学参考资料 Ⅳ . ① G634.333

中国国家版本馆 CIP 数据核字（2024）第 043844 号

书　　名	招　手 Zhaoshou
著　　者	彭　程
责任编辑	吴柯茜
出版发行	上海世界图书出版公司
地　　址	上海市广中路 88 号 9-10 楼
邮　　编	200083
网　　址	http://www.wpcsh.com
经　　销	新华书店
印　　刷	天津市天玺印务有限公司
开　　本	700mm × 1000mm　1/16
印　　张	14
字　　数	174 千字
版　　次	2024 年 4 月第 1 版　　2024 年 4 月第 1 次印刷
书　　号	ISBN 978-7-5232-1102-1/G · 835
定　　价	39.80 元

前　言

随着语文考试内容的改革，阅读的重要性逐渐凸显出来。近年来阅读题的比重在中考考试中不断加大，阅读内容也越来越丰富，天文、地理、历史、科技等均有涉及；同时，体裁呈现多样化，涵盖散文、戏剧、小说、新闻等。文章涵盖面越来越广，意味着对学生阅读能力的要求越来越高。所以我们应该清晰地认识到，阅读能力的高低直接影响分数，如果阅读能力不过关，那么考试成绩肯定不会理想。

“读不懂的文章，做不完的题”一直是中学生面临的难点和困境。这就要求学生不能停留在过去的刷刷考卷、做做练习题，或是阅读一两本课外书的阶段，而是要最大限度地提升阅读能力，理解文章作者和出题人的意图，只有让学生进行大量有针对性的阅读，才是最切实有效的方法。

语文知识体系的构建和语文素质的养成，既需要重视课堂学习，又需要重视课外积累。那课外积累应该怎么做呢？高质量的课外阅读是非常有效的，这已经成为提升学生“综合竞争力”的有效手段。因此，我们策划出版了“中考热点作家”课外阅读丛书，为广大中学生提供优质的课外读物。

这套系列丛书共 10 册，每册收录一位作者的作品，选取了该作者入选省级以上中考语文试卷、模拟卷阅读题的经典作品，以及该作者未入选但适合中学生阅读的作品，帮助学生扩大阅读面，对标中考。书中对每篇文章进行了赏析、点评和设题，能够助力学生阅读，有利于提升学生的文学素养、答题能力和答题速度。

本系列丛书收集了在国内中考语文试卷阅读题中经常出现的10位“热点作家”杜卫东、蒋建伟、刘成章、彭程、秦岭、沈俊峰、王若冰、杨文丰、张庆和、张行健的优秀作品。这些“热点作家”入选中考语文试卷阅读题的作品多以散文为主，他们的作品风格多样，内容丰富，但都具有很高的文学价值和浓郁的时代气息。这些作品不仅对中学生阅读鉴赏能力和写作水平的提升有促进作用，还对中学生的生活和学习具有启迪和指导意义，我们相信这套丛书会受到广大师生的喜爱和欢迎。

新中考背景下的语文学习，阅读要放在首要位置。事实上，今后的中考所有学科都会体现对语文水平的考查。不仅是语文试卷增加了阅读题的分量，其他学科也越来越注重对学生阅读理解能力的考查。提升阅读能力是一项任重道远的工作，重在培养兴趣，难在积累，贵在坚持。只要持之以恒，一定会有意想不到的收获。

目录
CONTENTS

第一辑　大地的泉眼

▶作家带你练

▶名师带你读

第二辑　目光里的松阳

▶作家带你练

▶名师带你读

第三辑 心的方向，无穷无尽

第一辑　大地的泉眼

麦子的籽粒饱满了，北方，绿沉沉的麦田一望无际，大地陡然感到了重量。小满。这样的命名意味深长。饱满的籽粒是农业时代人们的梦想，这个词里有着沉甸甸的希望。

作家带你练

【2021—2022 学年复旦大学第二附属中学九年级（下）期中语文试卷】

阅读下文，完成下面各题。（19 分）

为什么不读经典

①“所谓经典，就是大家都认为应该读而没有读的东西。”马克·吐温这句话道出了经典的尴尬处境——没有人否认应该读经典，但真正去读的却寥寥无几。为什么人们会对经典敬而远之呢？

②因为经典本身是纯粹的，它不打算讨好人，不千方百计诱惑你去读它。作家在写作时，只是要写出他对生活的所感所思和他自己的欢欣与疼痛。他是写给自己看的，至多是写给他认为可以与之对话的人看的，并没有打算让大量的读者成为自己的“粉丝”，也没有其他的动机。曹雪芹在“举家食粥”的窘境中写《红楼梦》，只是想写出“一把辛酸泪”，并没有想到把它做成畅销书，赚他个盆满钵满。因此，经典不会时刻想着为你提供方便，不会挖空心思哄你逗你，

不会因为你理解不了而降格以求。

③因为经典关注的是事物本质的东西。对于同一个轰动一时的新闻事件，经典总能深入其中，烛照事件背后人性的晦明；而平庸的作品只会对那些热闹的戏剧性的过程趋之若鹜，对于故事之外的东西,它没有耐心,更没有能力去做更深入的分析。《安娜·卡列尼娜》和《包法利夫人》都取材于当时沸沸扬扬的桃色事件，这类故事都足以吸引眼球，受到报纸花边新闻的追逐，但在这些地方人们发现不了那些驱动故事萌生和发展的动力。只有列夫·托尔斯泰和福楼拜这样的作家，凭借他们天才的洞察力，精确地描绘了一个人的热情和梦想、挣扎和无奈，揭示了人性的丰富和局限。经典就是这样，瞩目事物的内部，触及事物坚硬的内核，揭示出生活的本质。

④因为经典太留意那些本质的东西，所以常常会忽略表层和细节，在表现形式上，有时会显得呆滞笨重，不以轻盈妩媚的姿容愉悦人。就像许多真正大智若愚的人，常常会在小事上犯糊涂，会因某种笨拙的举止而被取笑。倒是那些乖巧机敏的人，待人接物八面玲珑，但如果试图从他们身上发现独特的人格和精神，往往是缘木求鱼。在并不那么具备观赏性的背后，经典体现的是真正的深刻和独特的禀赋。

⑤以上这些特征，使那些渴望阅读之“轻”的读者对经典产生隔膜，使他们无缘分享出自人类杰出头脑的感受、智慧和发现。

⑥因为阅读经典需要充足的时间和从容的心境，而匆促的生活节奏,过于丰富乃至泛滥的信息,培植了现代人浮光掠影的阅读习惯。

面对铺天盖地的碎片化、娱乐化信息，人们没有时间沉潜到情韵悠长的大部头文学作品中；人们静不下心去欣赏一段风光描写，揣摩一种细腻的心理变化过程；人们没有耐心细细品味节奏、韵律、布局谋篇的微妙之处，享受纯粹的文字之美。

⑦我们还可以有这样那样疏远经典的理由，这些理由让我们面对人类精神的优秀成果却漠然视之，让我们和深刻、和睿智、和经由艰苦求索而获得的精神愉悦等美好而珍贵的收获无缘。领悟了这些，我们就应该有所行动。

（文章有删改）

1. 请结合全文内容，从两个方面概括人们“对经典敬而远之”的原因。（4分）

____

____

2. 分析文章第②自然段运用的主要论证方法及其作用。（4分）

____

____

3. 请简要分析第③段的论证思路。（6分）

____

____

____

____

4. 下面哪一则材料适合作为第⑥段的论据？请简述理由。（5分）

材料一：传媒学家尼尔·波兹曼在《娱乐至死》中揭示，这是一个泛娱乐化的时代，深刻的思考在迅速地销声匿迹，我们变得匆忙和浮躁，只能以一种消费的心态，消受那些等而下之的粗浅的读物了。

材料二：苏霍姆林斯基说：“一个学校可能什么都齐全，但如果没有为了人的发展和精神生活的丰富而必备的书，或者如果大家不喜爱书，对书冷淡，那么，就不能称其为学校。”

____

____

____

____

名师带你读

尺　度

名师导读

本文是一篇充满哲学思考的文章。作者通过大量举例和引用具体阐述人们衡量事物的标准——尺度的特点。不同的人，不同的生存状态之间存在着尺度的巨大差别。那么人们对尺度又有着怎样的思考呢？我们不妨从文章中寻找答案，凡事有度，了解尺度的特点，理解尺度的意义，才能把握自己的尺度。

---

❶ 引用苏格拉底对“人”下的定义和好事者的反驳的例子，引出后文对“尺度”的描述，说明人具有社会属性，对事物的判定具有自己的衡量尺度。

辩才无碍的哲人也会有遭遇窘困的时候。①苏格拉底曾这样给人下定义：无毛双足的动物。于是有好事者将一只鸡拔光了毛给他看，问这是不是人。苏氏是否因表述不当贻人以话柄而沮丧，已经不可查考，但这个定义委实欠缺周密。它只描述了人的外部生物属性，没有考虑人之为人的社会属性。而后者才是人区别于动物的根本特征，是最重要的、不可或缺的衡量尺度。

对绝大多数的人物、行为、事件，在绝大多数情形下，有两个字是躲避不开的：尺度。尺度与事物如影随形。尺度描述、判断、界定事物，为之贴上形形色色的标签。无法想象没有尺度的存在物，虽然可能因为时间空间等种种因素不同而存在各异。①古人如此称道女人的美丽："增之一分则太长，减之一分则太短。"美丑妍媸的区别具体化为可以度量的准确尺寸。今天的选美，"三围"达标是必需的前提，适当智商是宜人的花絮。这当然只是举例说明而已。几乎每一个领域、一切事物，都要通过尺度的介入、参与而存在、运行，自足自立。尺度仿佛电脑中的驱动程序，驱动的是现实人生的运转。这实在是一个神奇的空间，虽然我们因熟视无睹而感觉平淡无奇。

②驰骋一番想象，像波德莱尔在巴黎大街小巷徜徉一样，让思绪的脚步迈过城市一日的寻常生活。早上，把孩子送进学校，期望他作业全做对，考试得高分，老师的好评，三好学生的奖状，是衡量成绩的标尺。它决定了孩子的未来，也决定了自己在别的家长面前是脸上

❶ 通过列举古人和当今社会人们对美丑判定的尺度变化，由开始的准确尺寸到如今"三维"达标是前提，适当智商是宜人的花絮的改变，充分说明尺度一直存在，只是因为受到时间空间等因素的影响而有所不同，使文章更加具体，具有说服力。

❷ 运用拟人的修辞手法，将思绪拟人化，将思绪的发散比作诗人波德莱尔在巴黎大街小巷徜徉，更加生动形象地引出对日常生活中尺度无处不在的描述。

有光还是臊眉耷眼。进了单位，应该努力工作，不出纰漏，让同事认可，上级赏识，得到提升，这正是社会意义上成功的尺度。到对口单位联系工作，对方出来接待的人，必定级别相当——一种被称作“对等”的标准派生出了相应的游戏规则。中午休息时去农贸市场闲逛，摊主殷勤推销，旁边媳妇在低头点钞，一天的收获如何，净赚多少，比什么都来得要紧。下班回家，老父亲正和一班老人在楼下小花园里健身。健康，长寿，是眼下他们第一位的话题。一天忙碌终于结束，躺在床上却感到一些迷茫：这是我希望的生活吗？如果是，为什么惶惑？如果不是，应该是什么样子？这种思索绝大多数情形下是没有答案的，但你得承认，此时你是引入了一种新的尺度，哲学的或是美学的。

尺度具有相对性。在一种人群一种环境中被视为天经地义的，换一种背景来看，可能匪夷所思，莫名其妙。环肥燕瘦，大相径庭，但不妨皆成美人——在不同时代不同的调焦镜头之下。[①]君临无边无际的想象王国的作家在那厢悲壮地叫喊“不创作毋宁死”，而另一边，浸润了实证精神的科学家会奇怪，如此虚幻的勾当何以会让人付出整个身心。这时尺度之不同简直成为一道墙垣了。不同的标准有主观的、神秘的、不讲道理的一面，却又是真实存在的，被奉为圭臬，

❶ 现实生活中，很多科学家还是完全能够理解文艺创作的。

被各方信仰膜拜，所以这个世界上才会有那么多的隔膜、误解乃至对抗，小到一个家庭中长幼辈之间的代沟，大到亨廷顿所谓“文明的冲突”。这些都印证了一个论点：世界是由我们的看法组成的。

①人生是一次演出，不同的人物被分派扮演不同的角色，遵循不同的尺度，采用与之相适的行事方式。做帝王或是跑龙套，扮相当然不同。这属于最基本的游戏规则，轻易不会被打破、混淆。春行夏令，牝鸡司晨，越俎代庖，都是要不得的。陈凯歌的影片《霸王别姬》里的旦角程蝶衣的悲剧，就在于他是将戏中的情境代入现实人生，造成脱榫错位。但话又说回来，即便是同一个人，行为也常常会改变，其程度有时甚至比换肾换血还要剧烈。对于当事人而言，剧变或巨变是由于更换了一种标准。放下屠刀，立地成佛，是因为尺度由嗜血大变成为慈悲。②我认识的一位商人，驰骋商场日进斗金，忽然迷上了园林设计，不是投资，而是亲自操练，从此沉湎日深，终至改弦更张，上演了一出法国后期印象派画家高更身世的中国当代版。几年后再见，言谈之间变得悠远淡定，与昔日的机敏过人相比判若两人——新的职业并不需要那种玲珑和伶俐。同样，一个曾被公认为十足书虫的同学，因为学而优，更因为偶然的机遇而入仕，曾让大家为之捏

❶ 运用比喻的修辞手法，作者将人生比作演出，不同的角色，遵循的尺度具有与之相适应的行事方式，角色发生变化时，尺度也随之改变，行事方式也相对应地遵循尺度而变化。

❷ 运用对比的修辞手法，通过对商人由商场转至园林设计，角色的转变，致使他昔日商人身上的玲珑和伶俐不复存在，如今言谈之间透露着画家般的悠远淡定，同样的角色也具有普遍相同的特质，有着与角色尺度相适应的普遍行事方式。

一把汗，但几年历练下来，却也进退应对得合辙合式，令人刮目相看。面对旧友的调侃，其话语间也不由流露出当年何以那般冥顽的自嘲。这些例子既足以证明人的潜力的巨大，又足以证尺明度的十分了得。人生历程是时间的流逝，也是不断调校、新建尺度的过程。[①]爱好、喜恶、价值观……一把把标尺在无形中挥动，不断地调整、收放、丈量，好像洗牌，不同之处是节奏舒缓，在时间的广袤背景中慢慢地展开。

❶ 运用比喻修辞，将爱好、喜恶、价值观等尺度比作标尺，标尺在空中挥动、不停地调整、收放、丈量，好像洗牌，形象地表现出尺度贯穿我们的一生，会随着我们的经历不断调整变化，具有普泛性的特点。

尺度具有普泛性，但也不时会有意外，仿佛当今赛事的频爆冷门。以木桶为家的古希腊哲人第欧根尼，对前来探望的亚历山大皇帝的唯一要求，是“不要挡住我的阳光”。当代语言分析学派哲学家维特根斯坦放弃巨额的家族财产，因为它们妨碍了他的哲学思考。明代公安派代表作家袁宏道，放着苏州行政长官的肥缺不愿当，连续数次上书辞官，因为“上官如云，过客如雨，簿书如山，钱谷如海，朝夕趋承检点，尚恐不及”。他自问：“人生几日耳，长林丰草，何所不适，而自苦若是？”他的趣味是无羁无绊，与山水相唱和。这些人当然是常人眼里的“另类”，是不按常规出牌，但你不能说他没有尺度。也许梭罗的这句话概括得最到位：“如果谁没有跟随队伍的步伐，很可能因为他听到了另一种鼓点。”他们对公认的尺度不以为意，往往是因为心中有着自己独特的高标。越是杰出者、大人物，就越容易偏离流俗，因为他们的目力更能洞察事物的本质，更能窥见大美之所在。①五岳归来不看山。除却巫山不是云。相比人云亦云的盲从者，他们更乐于自己决定怎样迈步。如果没有合适的尺度的话，他们甚至自己动手创制，他们如尼采所言，是立法者。

这就接近了一个重要的观念：尺度的核心是个性。或者说，个性决定了尺度的面貌。一条清晰分明的因果之链连接起了两者。而所谓个性，不过是源自对生活的独特领悟，和由之而生的特有的行为姿态。围绕这一点曾有过那么多的表述。②“认识你自己。”这是德尔菲神庙墙上镌刻的句子。“一种未经省察的人生是不值得过的。”这是苏格拉底的智慧的起跑线。“孤独的个体。”这是克尔恺郭尔学说的逻辑原点。“成为你自己。”这是尼采哲学的进门票。“存在即选择。”这是萨特理论的关键词。人与人之间，外在的区别可谓多多，种族、文化、宗教、贫富、尊卑等等，但删繁就简，到最后个性的差异该会是一个明显的分野。当其他因素遁隐或模糊时，这点仍然是真实鲜明的。于是有了隐居瓦尔登湖畔玄想天道的梭罗，有了辞去高官打游击战的切·格瓦拉，有了去非洲瘟疫区行医的法国人史怀泽，有了孤身走天涯的余纯顺。在常人难以理解之处，他们凭依所遵循的大

❶ 引用诗文，作者通过引用徐霞客的《漫游黄山仙境》和元稹的《离思五首·其四》中的名句，表明杰出者、大人物正是因为洞察到事物的本质，窥见大美所在，因而当人云亦云时他们不会为之所动，会积极追寻自己的向往，找到属于自己的道路。当尺度普遍不合适时，他们会定义自己的尺度，说明尺度具有特殊性。

❷ 引用名言警句，作者通过引用德尔菲神庙墙上的警句、苏格拉底的名言、克尔恺郭尔学说的逻辑原点以及尼采哲学、萨特理论的内容，充分说明人的自我认知非常重要。

写的尺度成就了大写的人生。他们的身影被拉得长长的，将一直投射到今后久远的岁月中。

越是在这个机械复制的时代，独特的个性就越显得重要。而个性的极致是与臻于极致的尺度互为表里的。然而我们看到的情形却不容乐观，众多的生命样式都仿佛在一个模子里铸成的，更令人忧虑的是人们对此每每视而不见。据说随着基因工程等现代科技的发展，人除了得享长寿外，甚至可以定制自己的器官形体。你大可以选择梦露的容貌、乔丹的体型。这当然令人雀跃。[1]但为什么很少听人谈及要为自己选择独特的生存尺度呢？为什么不努力将尺度设定得更好、更合理、更杰出、更特异呢？不同的人、不同的生存状态之间，当然有尺度的巨大区别，就像存在着小溪和大江、土丘与高山的分别一样，就像哈勃天文望远镜里的视野与肉眼所见迥异一样。做到这一点并不需要求助于技术的神力，只要一颗虔诚的心、一种牢固的善念、一种持久的耐心，对万物的爱和怜悯、创造的热忱，超拔的追求……让我们选择这样的尺度吧，即使无关民生社稷的宏大叙事，即使仅仅为了自己的尊严。

❶ 此处作者通过反问，突出强调我们应该为自己选择独特的生存尺度，将尺度设定得更好、更合理、更杰出，这样才能彰显出自己的个性，找到属于自己人生的意义。

延伸思考

1. 尺度与事物如影随形，总结全文作者提到了尺度的哪些特点呢？

____

____

2. 在文章最后一段，作者为什么说“越是在这个机械复制的时代，独特的个性就越显得重要”？

____

____

大地的泉眼

名师导读

《大地的泉眼》是作者对自然、节气、诗歌三者内在联系深入探索的一篇语言优美而又富有深度的散文。文章按照节气的时间顺序把自然的魅力向我们娓娓道来。以“大地的泉眼”为题，不禁让人好奇隐藏在大地泉眼中的秘密，大地深处究竟隐藏着什么？泉眼中又涌出了什么，让人不禁想要更加亲近自然？让我们一起跟随作者，在自然的变化中，探寻其中深意，领略自然之美。

---

❶ 运用拟人的修辞手法，将台历拟人化，台历在温馨的光亮里耐心地等待自己掌管的分割的日子。渲染温馨静谧的氛围，增强文章的趣味性。

寒冷寂静的冬夜，不想去按电视机的按钮而又缺少可与倾谈的对象时，逃向文字便成为一桩聊可自适的事情。但这一次手伸向的不是书，而是一本刚刚摆到桌上的崭新台历。①它正躲在台灯温馨雅洁的光亮里，很有耐心地等待着即将由它管辖和分割的日子。

此刻已是岁末，窗外悄然飘落的一场大雪正用洁白和简练迎迓[1]一个新的开始。

没有想到一次信手翻阅会成为一篇文字产生的契机。随着一个别致而富有诱惑的念头骤然跳上心头，联想之网也迅速地在脑海中架设起来。接下来便是意义的渐次涌现，像泉水从大地的深处汩汩冒出一样。在一个适当的时间我拿起笔，我胸中积蕴的东西在寻求表现。

触动来自台历本上的节气。

惊蛰、清明、谷雨、芒种、白露、寒露、霜降。在我的手指随意的翻动下依次出现了这些字眼。开始并没有引起我的注意，对我来说它们和上面的月份、日期、星期几一样，不过是一些抽象的标识。但随着它们连篇而至并且轮回成一个完整的四季，我的面前开始凸现一些亲切而模糊的形象。我将目光从纸上移开。①像一条琴弦被一根手指拨动，我感觉到胸间某种板滞的东西正在剥蚀、融化，而一种遥远的原野气息却慢慢地鼓胀，渐渐地盈满了。

❶ 运用比喻的修辞手法，将手拨动台历本比作拨动琴弦，生动形象地表现出随着节气的不断变化，琴声亦随之变化，“我”的感觉也将随着自然的改变而变化。

我该从哪里开始我的诉说呢？

雪把一切都遮掩了，凸起和凹进这样的词汇在这个日子很难被想起来。早上推开门，满眼白皑皑光亮

[1] 迎迓：迎接，指做好准备，等候时节变化的到来。

会刺伤人的眼睛。要是深深吸一口气，就会觉得是把一部分冬天都吸进去了。脏腑像被谁蘸了雪擦拭过一样。我说的当然是乡间，最好还是童年。

那样雪地上很快就会排起一行行的小小脚印，绕着一个肥胖的雪人。一定还会有响亮的笑声、叫喊声，和着被脚步溅起的雪粉，飘飘洒洒。①但后来的日子却很寂寞了，雪人渐渐消瘦了但坚硬了，落下的灰尘使它看上去混沌而迷惘。

小雪，大雪。窗外皑皑的白色为我的思绪准备好了开端。有这一大片素净做铺垫，我相信足以保持它的纯正。②一场飘飘扬扬的大雪，就是一片银屑样的记忆，幻化出童年的天空和大地。

真正理解语言并领受它的魅力，需要一些特殊的时刻。那时，它的朴实和凝练，它的生动和丰富，使得事物仅仅是由于它们，而不是因为自身，才显得容光焕发。③洛根·史密斯说过：“世界上，究竟，还有什么慰藉比得过语言带来的安慰呢？”

语言的魅力常常并不取决于描写的繁复摇曳。有时，倒是一些简约至极的词句反而更能拨动感受的琴弦。我不知道该如何解释这点。或许，它的不加修饰的素朴正像一片无遮无拦的原野，为想象提供了最为宽阔的空间。摆脱了具体狭隘的经验的拘囿，这样的

❶ 运用拟人的修辞手法，将雪人拟人化，雪人渐渐消瘦且坚硬，形象地表现出自然时节的交替，灰尘让雪人变得混沌与迷惘，流露出作者对雪人及童年的思念与不舍。

❷ 运用比喻的修辞手法，将飘飘扬扬的大雪比作银屑样的记忆，幻化出童年的样子，生动形象地写出大雪纷飞的素净，流露出作者对童年生活的怀念。

❸ 引用洛根·史密斯的名言具体说明语言充满魅力，在需要慰藉的时候给人以安慰。语言的魅力往往不止于此，需要我们在生活中去留心发现。

想象最能接近事物的本质，同时散发出浓郁的诗意。

小雪，大雪。想出这两个词来概括一段节气的是聪明人。它把性状和差异、现时和趋向都收容在一起了。你还能找出比这更恰当的表达吗？在纷纷扬扬的背景中时间隐匿了，寂静寒冽袭来无声。

日子过得很快。“冬天来了，春天还会远吗？”在读懂这句诗之前许多年，我们就已经记熟了它。窗外的雪很厚，但用不了几天它便会消融得无影无踪。它到哪里去了？天空和地下有它的消息。不过你马上会发现，这是另一个季节的故事了。

立春，雨水。①春天的降临如同一个童话的开始，这个童话弥漫着湿淋淋的气息。一年中的第一场雨从天上落下来，润湿了、松软了冻结一冬的土地。冬眠的动物苏醒了，纷纷出土活动。惊蛰。这两个字里有着隐隐的雷声，有一种突如其来的、让人心灵生发出愉快的紧缩的东西。

❶ 运用比喻的修辞手法，将春天的降临比作童话的开始，童话弥漫着湿淋淋的气息，生动形象地写出春天似童话般充满美好，湿润的春雨滋润着万物，充满着生机。

迈进“春分”的门槛，白天就和夜晚一样长短了，就像两间大小形状完全相同的屋子。但很少有人会细心品味这一点，前面几步开外，“清明”正从一片绿意迷蒙中散布着湿润柔和的光亮。说到清明，人们通常会想到清明节，节气在这里第一次成了节日。墓草萋萋，纸幡飘飘，哀思播撒在这一天，好像连绵迢遥的春草。文化传承的力量强大而深厚，不过这种理解显然是后来被赋予的。这个词语的本来意义仍旧是描述性的，就像字面透露出来的那种感觉：天气温暖起来，天空晴朗，草木繁茂，空气清新润泽。清明，这两个字里有水汽氤氲[1]。

这以后，雨水越发多起来了。这时的雨水是为了唤醒谷物的种子，发芽出苗。谷雨。因为是和收获、和生存联系在一起，这两个字显得分外美丽，令人动容。滋润万物生长的雨水，带给我们口粮的雨水啊。

①“好雨知时节，当春乃发生。随风潜入夜，润物细无声。”雨水的春天呵，一千多年前让杜甫欢喜欣快的雨水，如今依然飘洒在我们感受的天空。喜悦恒久如初。

②诗的最初的源头在哪里呢？

当我们阅读节气时，其实已经是逼近它的边缘了。这一刻，感受向世界敞开，原野的鲜腥气息注入胸中，灵魂感到了微微的悸动。拂掠过它的是自由的风，而风来自大地。

因此诗要向大地叩问。

③节气无疑包含了最为原始质朴的诗意，它直接

❶ 引用唐代诗人杜甫的《春夜喜雨》，描绘出春夜降雨、滋润万物的景象，表现出春雨无声地滋润万物的特点，流露出作者对春雨的喜爱之情。

❷ 设问，吸引读者，引起读者思考，承接下文对诗歌、节气源头探寻的描述，与下文的“诗潜藏于大地的深处，节气是它涌现的泉眼”相呼应。

❸ 运用比喻的修辞手法，将节气源自大地比作雨水从天空落下，形象地表现出节气与大地的关系，节气源于大地，节气中包含着大地的气息，是大自然本真的“表情”和“灵性”。

[1] 氤氲：弥漫动荡，指清明节总是伴随着雨水、泪水的弥漫，充满着哀伤的水汽。

源自大地，就像雨水从天空落下，而未经过过滤和雕饰。它给人看到大自然率真的表情和微妙的灵性。它是大地上轮番上演的戏剧的一幕幕背景。

诗潜藏于大地的深处，节气是它涌现的泉眼。水声汩汩。

春天是萌发，夏天便是生长了。季节的脚步是纵向的，它像传说中的精灵，喜欢沿着作物的秆茎上上下下。关于夏天的节气，我愿意接受这样的想象。

麦子的籽粒饱满了，北方，绿沉沉的麦田一望无际，大地陡然感到了重量。小满。这样的命名意味深长。饱满的籽粒是农业时代人们的梦想，这个词里有着沉甸甸的希望。

风在大地上吹，黄金色的麦浪起伏涌动。成熟和收获的时节来临了。芒种。这两个字指的是麦类等有芒作物的成熟，多么质朴无华。农人的眼光唯有在这一点上才显出精确细腻，你能想象出他们怎样一次次拾起麦穗细细端详。[1]风在丰饶的大地上吹，金黄的麦浪照亮了劳动者的眼睛。哦，亲爱的麦子！

到现在为止发生的一切其实仍然是序幕。夏至来临，我们才正式走入季节的深处。这一日的白昼最长，夜晚最短。太阳选择这一天实施它一年中最长的一次统治，既是预兆，又是象征。紧接着，炎热撒一张巨

❶ 环境描写，通过写风吹过丰饶的大地，金黄的麦浪在风中摇曳的情景，表现出夏季有芒作物成熟的热闹景象，渲染一种兴奋热烈的氛围，烘托出劳动者们喜悦的心情。

网，罩住了大地山河，城市乡村。天空和土地的火力毫无遮拦、酣畅淋漓地喷射着，暑气一日甚过一日。①炎热炙烤着漫长的夏三月，连绿沉沉的田野，也仿佛是凝固的绿火焰啊。小暑，大暑。念起它们时脸边拂过夏日的热风。

❶ 运用比喻的修辞手法，将绿沉沉的田野比作凝固的绿色火焰，生动形象地写出了夏季田野中蓬勃的生机以及天气的炎热，渲染一种热烈兴奋的氛围。

可是还有蝉歌如雨，还有暴雨如注，还有阳光的鞭子凶狠地抽向大地……那么多的节目正在上演，大自然的威力和魅力在这个季节最为袒露和彻底。我们睿智而善感的祖先，为什么不曾用别的字眼来表达这一种热烈？

小暑，大暑。只是这样的简单朴拙。但无疑它们是对的。这样的字里有着一切：色彩，声音，所有的细节。它们是原色，其余的只是它们的伸延和表现。

当我们一任自己被感受之船载负，沿季节河道顺流而下时，另外一件事情也在悄悄发生。我们透过节气的舷窗向外张望，结果看见了儿时跳跃的身影。好像童话中读到过的，某人不经意间进入了一条时光隧道，于是往昔重现。

没有什么时候比童年更贴近土地。池塘、树林、果园、草场，这些地方在印上我们稚嫩的脚印的同时，也占据了我们的心灵。②捉迷藏，戏水，掏鸟窝，摸鱼捞虾……儿时的欢悦深藏在大地上的每一个角落，

❷ 作者列举捉迷藏、戏水、掏鸟窝以及摸鱼捞虾等儿时愉悦的活动，点出儿时的欢悦深藏在大地的角落，风中充斥着笑声，流露出作者对童年欢乐记忆的回味与不舍。

每一阵微风中都有我们的笑声。

诗就是这样同生命结缘。大地是诗之源泉，童年的心灵最容易受到它的浇灌。许多年后我们在日渐阔大的河流边漫步，涛声浩荡中，我们听得见最初的潺潺和泠泠。

所以返回常常很有必要。时光一往无前，但自由的心灵却可以回溯，回到过去。那里有生命的根。每个人都应适时回去，培一捧土，或者浇一罐水。他会发现，这样他站得更稳。

看看又到秋天了，大地上的故事也掀开了新的一页。“立秋”的信号在夏天浓绿的襟边打出时，太微弱了，几乎没有人看到它。风还是那样热，蝉声还是那样响亮。

但端倪终于逐渐显露。①变凉变爽的皮肤知道气温在降低，变白变硬的小径知道雨水一天比一天少了。这就是“处暑”。暑气飘散，夏天的背影也慢慢不情愿地隐去了。

再后来，到了夜间，空气中的水分会凝成露珠，缀在紧贴地皮的草叶上，晶莹清亮。如果春天是从天上飘降的，那么秋天则是自地表滋生的。这些日子被称作“白露”。②露珠是大地分泌的泪珠，是对于刚刚过去的那个火热季节的悲悼和祭奠。接下来“秋分”到了，白天和夜晚再次一样短长，但谁都清楚，从此

❶ 运用拟人的修辞手法，将小径拟人化，生动形象地表现出秋天到来后气温的降低，雨水的减少，渲染一种萧瑟的氛围。

❷ 运用比喻的修辞手法，将露珠比作大地分泌的泪珠，是对炎热季节过去的悲悼，流露出作者对火热的夏季过去的悲伤。

后路标指着完全相反的方向。从这道后门出去，有一天人们觉出脚下越发寒凉潮湿，发现原来已经走得很远了，周围是被割倒的庄稼和枝叶日渐稀疏的树木。寒露。有几只蟋蟀颤颤瑟瑟地唱出这个调子。

第一场秋霜多半飘降在拂晓前混沌的梦境里。它看去那样黯淡、凝滞、沉闷、了无生气。对它们产生爱恋是不可能的，因此“霜降”是一个再平实不过的言说。[①]这个轻描淡写的词语有意掩盖了许多人们不愿见到的东西，譬如因叶子落光而露出的褐黑色的树干，譬如连日灰蒙蒙的天空和缠绵冰凉的细雨。

❶ 突出“霜降”时了无生气、凝滞黯淡、萧条沉闷的特点。

有人很投入地望着田野，进而很落寞地看自己的心，写下一些让人怅惘的句子。这样的人被叫作诗人。诗人的年龄几乎和土地有记载的历史一样长，五千年诗的天空中，布满了他们嘘气凝成的片云。秋天降临到人的心上，这就是愁了。在造字的时候，做出这样规定的一定是他们中的一个。诗人是田野最诚笃的守望者，风向着他吹。

这样的人如今越来越少了。人们坐在舒适的沙发上，喝着五颜六色的饮料，眼前大屏幕电视播放着一个个悲喜交集翻云覆雨的故事。[②]室外，楼顶上巨幅的霓虹灯广告闪烁明灭，歌舞厅里嘶哑的声音随风飘荡。城市里有太多的去处可供娱乐宣泄，人们还有什

❷ 环境描写，通过城市中繁华多彩的生活现状描绘，突显人们内心的孤寂，衬托出作者对回归自然生活的向往。

么理由不满足呢？

就这样，在物质累积的背后也暗暗滋生着贫困。水泥地面和摩天高楼将天空和土地隔绝，机器的轰鸣和流行音乐使人远离鸟鸣和水声。人躲进一个个狭窄的笼子里，什么样的风才能吹到他？人们不再用皮肤，而是靠电视广告里的应季服装，来感知节令的变换交替。没有谁肯去关注最后的雪和第一场雨。感受之水被闸断了，失去滋润的心日益干涸荒芜。

我们获得了舒适，却丧失了诗。我们拥有了过多奢侈的东西，却远离了土地。谁能算得清其间的诸多得失？

一百多年前，在那本有名的《瓦尔登湖》里，梭罗记下了这样的思想：每一个人，一年中至少应该有一次，放下手头的劳作，来到一片未受袭扰的田野或湖畔，静静地站上一会儿，直到清新的空气注满他的肺部。在今天，这些话依然适用。压迫我们的东西，似乎更多更重了。

①节气，在这中间扮演什么角色呢？

没有鸟可以单凭一只翼飞行。事物栖居于空间和时间的双重维度。如果诗是种子，大地是温床，节气便是风和雨水。每一朵花，每一颗果实里，都藏着一个小小的季节神。

❶设问，引起读者好奇，启发读者思考节气与自然不可分割，引出下文对自然与季节密不可分，自然中充斥着节气的影子的相关描述。

最后一只寒虫噤声时，最后一片枯叶飘落时，冬天的大幕便完完全全拉开了。立冬。标示四季开始的用语都一样平淡，但唯有在冬天，视野中一望无际的单调枯燥，才最能够与这个词的缺乏色彩相匹配。在这样的日子里，只能巴望来一场雪，好给黯淡的底色刷上一层耀眼的白。

小雪，大雪。小雪过后是大雪。但怎么回事？睁大眼睛，眼前依然只有稀薄的阳光和凛冽的风，偶尔飘下薄薄几片雪花，刚刚触到人的鼻息便融化了。看来大自然有时也会开开玩笑，它允诺，但并不急于支付。它在等待合适的时候。

①这个日子常常在房檐下垂的冰溜的断裂声中来到，充当伴奏的是西北风的呼啸。冬至。最冷的时辰从这天开始，最长的黑夜也属于这一日。冬天的安眠曲奏响了。在某个弱音或停顿的部分，雪，真正的冬天的雪，无边无际的、鹅毛般厚重而温暖的雪，梦一般飘落下来了。

看雪的人早晨走到户外。雪把一切都遮掩了，凸起和凹进这样的词语在这个日子很难被想起来。②他的鼻子和耳朵冻得通红，嘘气时像一只小烟囱。从仿佛发出脆响的空气中，他听到，两个日子正在走来：小寒，大寒。

孩子们的笑声飞扬起来了，无忧无虑，空旷响亮。但他似听未听。他只是很有兴趣地看着尚在飘舞的雪

❶ 环境描写，通过冬至的到来常常伴随着房檐下冰溜的断裂声以及西北风凛冽的呼啸表现出冬至时节天气的寒冷，渲染一种沉寂清冷的氛围。

❷ 外貌描写，运用比喻的修辞手法，鼻子和耳朵冻得通红，呼出白气比作烟囱升起炊烟。生动形象地写出小寒、大寒节气时天气的寒冷。

花，脑海里一些印象、一些画面相互叠加了。他知道，这是去年的雪，这也是明年的雪。

一年就这样过去了。对于大地和岁月，这只是极为短暂的一瞬。①一只土拨鼠飞快地从田埂溜过，一只鹰迅疾地射向高空。

❶ 运用类比的修辞手法，将土拨鼠从田埂溜过及鹰射向高空与大地上岁月的流逝进行类比，更加形象地表现出岁月的流逝于大地而言只是一瞬间，流露出作者对时光飞逝的感慨。

但在诗人的意识里，时间却模糊了，隐匿了。他看到的只是一个美丽的环，首尾相衔，无始无终。环串起了时间，环因而在时间之外。这个看不见的环上，这儿那儿，像钻石的闪光一样，放射出强大的诗意。这便是节气。音乐、图画、神话乃至历史，在它无穷的循环中渐次显现。

这是真实的吗？再没有一种真实能够和它相比了。读懂了它，一切文字便都索然无味了。这其中什么没有：土地、自然、季节、诗。

没有理由不为此感动。大地已将自身向我们敞开，启示是清晰昭然的。

②海德格尔说过：人应该诗意地栖居。

❷ 引用哲学家海德格尔的观点，点明全文的主旨。

最后，二十四节气歌是这样唱的：

春雨惊春清谷天，
夏满芒夏暑相连，
秋处露秋寒霜降，
冬雪雪冬小大寒。

延伸思考

1. 纵观全文，“大地的泉眼”应当如何理解？请用文中的话加以解释。

____

____

2. 作者在文中结尾提到“大地已将自身向我们敞开，启示是清晰昭然的”，读完文章你获得了哪些启示？

____

____

大事不着急

名师导读

作者采用说理的表达方式，有力地向我们说明真正的大事是不着急的，大事是深刻而纯粹的，需要纯朴憨厚的心灵、坚信和虔诚、毅力和耐心。生活中人们总是在为各种事情而奔波忙碌，人们做的事情很多，但真正办成的“大事”却很少，这是因为往往很多大事被那些所谓的“速度大师”“数量模范”干成了急事。下面就让我们一起在作者的散文中了解真正的大事是怎样做成的。

悖论常常反映了事物的本质，世界真正的模样。庄子笔下的樗树[1]，树干臃肿，枝条卷曲，完全不合乎工匠的要求，因而得以免遭斤斧，自由生长。格拉斯

[1] 樗树：别名臭椿，落叶乔木。和小说《铁皮鼓》中主人公一样，因外表丑陋而免于被伤害的命运。

的《铁皮鼓》中的主人公奥斯卡，也正由于是鸡胸驼背的侏儒，在“二战”的炮火中，才成功地躲过了好几次性命之虞。

有一天我忽然想到一句话：大事不着急。

① 设问，引起读者阅读兴趣，引出下文对让我们魂不守舍、心跳加快、血流加速的急事的展开描述，同时点出急事的特点：会让人感到短暂而又急促的焦急与紧迫。

①什么事让我们魂不守舍、心跳加快、血流加速？一篇一个小时内就要交稿的新闻特写，报纸就等它付印了；火车三分钟后就要开了，还未到检票口；内急得快憋不住了，却到处找不到厕所……那个时候，那件事就是整个世界。但很快，世界又完整如初，在那件事情做完后，它甚至丝毫不再被想起。它们是急事，但不是大事。

② 通过列举解放人民、民族独立不是单单依靠几次声明及集会便可以办到，表明真正的大事是着急不来的，需要徐徐图之。

真正的大事是不着急的。开凿一条运河，建造一座城市（“罗马不是一夜间建成的”），绝对着急不得。修筑长城用了几个朝代。有意思的是，卡夫卡在《万里长城建造时》中，将之作为一个隐喻，表达其目标永远无法达到的思想。长城形体的巨大，恰好对应了人类生存的永久的、可悲的困境。从甘地到曼德拉，大事也在另外的维度上展开。②让一片土地挣脱桎梏，一个民族当家做主，也远不是几番声明、几次集会能做到的。答案在一双从南到北丈量印度半岛的光脚板里，在那一架手纺车的转动中（我们都见过那幅著名的甘地纺线的照片）。它纺织着次大陆的棉花，也纺织出一幅独立的梦想。答案还在罗本岛上的那间单人囚室中，室内，三十多年的阴暗潮湿，室外，三十多年的潮涨潮落。普通个体的生命当然无法和这些丰功伟业相比，然而平凡的一生中但凡称得上重要的事，也都是耗费时光的。把一个热爱的女人追成妻子，不是一朝一夕的事；将孩子从一团粉红的肉养育成高大的少男少女，还要小心不让他或她学坏，要多少个寒暑的操心劳神？

大事有时甚至和体积、数量这些空间范畴并无关系，而表现为一种深刻和纯粹，但大事却注定了和时间结缘。大事不是即时的催逼，而是长久的压迫。是一种苦乐交织的厮守，灵魂的纠缠不去的负担。[①]如果它受到阻碍，那是钝刀割肉的疼痛，如果它获得进展，那种喜悦也该像啜饮一杯清茶，而不会是大汗淋漓时痛饮冰镇汽水的畅快。它脱离了庆典、仪式的短暂和喧哗，而和日常的生活相依相偎，也因此具备大地的品性。[②]真正的大事不事张扬，就像真正的劳动者不炫耀掌心的老茧。大事是以工作为发端的一条直线，抵达它的距离很长，它所能延伸的距离就更长，就像夕阳光里，大树和它的影子。它的光荣镌刻在时间里。

不着急，不是不能着急，是着急不得。当然，我们也熟悉这样的话：“一万年太久，只争朝夕。”它表

❶ 运用比喻的修辞手法，将大事受阻比作钝刀割肉的疼痛，将获得进展的喜悦比作饮用清茶回味悠长不似汽水般的短暂畅快，生动形象地写出大事进行中的艰难与完成后的深远影响。

❷ 运用比喻的修辞手法，将大事比作劳动者掌心的老茧，将大事比作夕阳下的大树，影响比作影子，大事的目标越远大，夕阳下的影子也越长，生动形象地写出大事不张扬、目标远大旷日持久影响深远的特点。

明了一种进取态度，张扬了主观意志，但仅仅靠它是不够的。大事的本质决定了我们应取的态度。大事既然是卓越的，超常态的，就需要更多的悟性、心智和体力，更深入更持久的劳动，而这些是着急不得的。①它是百年老树，而非那些速生的、用来做一次性筷子的树种。它的长成需要更多的阳光、风和养料。它有着自己的节奏和周期。佛经称“三界无安，犹如火宅”，情境够危急的吧？但欲求解脱，还得靠修行，而修行是缓慢的功夫。菩提树下佛祖的正觉[1]是一个伟大的寓言。

❶ 运用比喻的修辞手法，将大事比作百年老树，生动形象地点出了大事想要完成，需要经年累月的努力，这是着急不得的，就似树木只有不断吸收阳光、水分以及养料方能成长为真正的参天大树。

我想谈谈诗，还有文学。它们是精神生活的大事。

记述这样的“大事记”用得上数字：②歌德写《浮士德》花了六十年，曹雪芹创作《红楼梦》耗去的是一生。普鲁斯特用最后二十年的时光，闭门谢客，在厚重的窗帷隔出的阴暗和寂静中，达成了与时间的和解。《追忆似水年华》，一个开放在时间深处的花园，芳馥幽雅，同时却具备了最为坚固的金属的性质。几个世纪后，一定还有人在它的旁边，徘徊流连。通过同时间最紧密持久的拥抱结合，作家连同作品得以超越时间，存在于时间之外。

❷ 通过列举歌德写《浮士德》耗时六十年以及曹雪芹用一生时间创作《红楼梦》的例子，具体说明“大事”往往伴随着时间的烙印，影响深远。

[1] 正觉：精神的自我完满。这里指佛祖苦心求道慢慢感悟最终取得的正确觉悟。

①里尔克写道："我们应该用一生之久，尽可能那样久地去等待，采集真意与精华，最后或许能够写出十行好诗……为了一首诗我们必须观看许多城市，观看人和物，我们必须认识动物，我们必须去感觉鸟怎样飞翔，知道小小的花朵在早晨开放时的姿态。"大事需要纯朴憨厚的心灵，坚信和虔诚，毅力和耐心，与时间的相守相忘。诚笃朴拙比机敏灵巧更值得称颂。大事的尺度是时间。然而我们这里多的是速度的大师，数量的模范，蔑视价值是必要劳动时间的凝结。他们争先恐后，一星期看不到自己印成铅字的名字就着急，一年没有新著出版就怀疑自己堕落了，他们本来也许是想做大事的，却不知不觉把大事做成了急事。

❶ 引用奥地利诗人里尔克《布里格手记》的内容，增强文章说服力，具体说明我们应该秉持纯朴的心灵，用心地去感受世界，与时间相守相忘，这样最后我们或许能寻得属于自己人生的意义，谱写伟大人生的诗章，完成真正的大事。

帕乌斯托夫斯基的散文集《金蔷薇》，是对作家的劳动的生动的描述。一个巴黎的贫穷清洁工，多年中收集首饰作坊里的尘土带回家，因为里面混杂了极少量的金屑。每天，他筛出尘土，留下一点点肉眼几乎看不到的金屑。岁月流逝，金屑积少成多，终于铸成了一枚金锭。清洁工请人将它打成一朵金蔷薇，要送给一位他一直关心的、不幸的女性。作家在文章最后写道：这朵金蔷薇或多或少便是我们创作活动的写照。相信每一部小说，每一首诗，每一篇散文，只要具有足够的纯正，在其完成的过程中都有这样的图式。

❶ 结尾引用奥地利诗人里尔克《给一个青年诗人的十封信》中的内容，引人深思，启示人们相信真正的大事完成不应拘泥于时间的限制，我们应该不断朝着目标努力，这样就会让我们离成功的到来越来越近。

① 还是里尔克，说过："如果春天要来，大地就使它一点点地完成。""……不能计算时间，年月都无效，就是十年有时也等于虚无。艺术家是：不算，不数；像树木似的成熟，不勉强挤它的汁液，满怀信心地立在春日的暴风雨中，也不担心后面没有夏天来到。夏天终归是会来的，但它只向着忍耐的人们走来。"（《给一个青年诗人的十封信》）

延伸思考

1. 纵观全文，"大事"具有怎样的特点？

____

____

2. 文章以"大事不着急"为题，全文中也多次提及，结合全文内容说说作者为何认为"大事不着急"？（用文中话回答）

____

____

大树上的叶子

名师导读

作者借《大树上的叶子》这篇语言质朴却富有深意的散文，将人比作树叶，将大树比作祖国，形象地阐述了个人与祖国之间的密切联系，表达了作者对祖国的深切热爱之情。微风拂过树枝上的嫩芽，热风掠过宽大的叶片，秋风染黄了叶面，冷风肆掠大树的枝干，来年枯叶化作肥料供给大树焕发生机。大树给予叶子栖身之处，树叶为大树奉献自己。让我们在作者的散文中，体会家国的情怀与联系。

---

① 应该怎样描述一个人同一种巨大的存在的关联？那种血脉相连骨肉相牵，那种哀乐共享悲喜同在，那种命运的休戚与共[1]，如何表达，才能够准确、生动、形象，才能够刻骨铭心永难忘怀？

❶ 设问，总领全文，引起读者好奇与思考，引出后文，强调一个人和他的祖国关系血肉相连，悲喜同在，休戚与共，刻骨铭心。

[1] 休戚与共：忧喜、福祸彼此共同承担。

我想说的是：一个人和他的祖国。

辞书上的释义总是不能够再精简了。自己的国家——这是权威的《现代汉语词典》中对于“祖国”这个概念的阐释。自己和国家，我和她，对比和映照中构成了一种关系。其中有包孕，有交融，相互属于，相互拥有，这正是生命共同体的本质属性。

可以有多重角度的打量，多种路径的勘测，来描绘这种生命共同体，揭示那种无法分割的关系。但我想获得一个形象而简洁的描述。它应该具有鲜明的画面感，显现出温度、色彩和姿态，达到一种可以诉诸感受的贴近性。

是一个周末，坐在住处附近公园的一条长椅上，面前的草地碧绿如茵，平整地铺展开来，草地中间耸立着一株参天大树，树龄久长，树干粗壮，数人方能合抱，仰望树冠如盖，浓密厚重，投下巨大的阴影，荫蔽了一大片地面。①微风吹拂，翻动成千上万片树叶，在夕阳的照射下熠熠闪光，仿佛一片片明亮的金箔。一瞬间心头也仿佛被照亮了，我想到了一个个人和祖国的关系的比喻——

祖国就是这棵大树，我就是大树上的一片树叶。

②一片树叶，在一棵树的生命系统中，是一个最小的单元，一种最基本的构成形态，但它却能够直接

❶ 运用比喻的修辞手法，将成千上万片在夕阳下熠熠闪光的树叶比作一片片明亮的金箔，生动形象地写出了夕阳下树叶闪光摇曳的静谧美好景象。

❷ 总领下文，暗示个人是祖国的一部分，个人的情况体现着祖国的状态，祖国与个人休戚与共，祖国安康个人方能茁壮成长。

反映出大树母体的状况。从叶片的齐整或杂乱，叶脉的清晰或紊乱，质地的温润或枯涩，足以判定其母体是健旺还是病弱，是生机勃勃还是气息奄奄。难以想象，一位羸弱多病的母亲，能够生育出健壮的婴孩。同样难以想象，一棵病弱枯萎摇摇欲坠的树，树干被蛀空，枝条稀疏零落，生长出的树叶，会是鲜嫩青翠、汁液饱满，云团一般厚重浓密。

①我的祖国，我诞生和栖身的那片土地，我最初的来路和最后的归宿，我的生命存在的最真切的根据和最坚实的凭依，也曾经有过病树一样的悲惨遭际。

那是浸透了泪水和辛酸的一页，苦难如同无边的海浪，汹涌而至。②贫穷、落后、愚昧，天灾人祸频发，外敌的欺凌和入侵，仿佛无数把冰刀霜剑，刺向母亲之树。躯干受到蹂躏，枝条会稀疏病弱，叶子也会变得萎黄。每个人都是大树上的一片叶子。当瞩目在凄风苦雨中飘摇的病树时，眼前会叠印这样的画面：母亲的眼泪，孩子的啼哭，衣衫褴褛的乞讨者，寒冬清晨倒卧街头的饿殍[1]，公园门口“华人与狗不得进入”的牌子……一个民族遭受的耻辱，会落到每一位个体的头上，每个成员都要承受被藐视被轻侮的命运。

❶ 过渡段，承上启下，承接上文“我是祖国的一部分，是大树上的一片树叶”，引出下文对祖国曾经遭受病痛侵袭的描述。

❷ 运用比喻的修辞手法，将贫穷、落后、愚昧，天灾人祸频发，外敌的欺凌和入侵比作无数把冰刀霜剑刺向母树，表明此时祖国正内外遭逢劫难。

[1] 饿殍：饿死的人。

❶ 引用诗人艾青和戴望舒的诗句，增强文章的说服力，具体说明祖国当时正处在艰苦抗争、流血屈辱的时候，流露出作者对祖国深深的担忧之情。

①“雪落在中国的土地上，寒冷在封锁着中国呀。”这是诗人艾青的悲伤。

“我用残损的手掌，摸索这广大的土地。这一角已变成灰烬，那一角只是血和泥。”这是诗人戴望舒的忧愤。

为了让母亲不再哭泣，为了替母亲夺回尊严，多少儿女前赴后继，用生命之躯来阻挡对她的蹂躏，用汗水、眼泪还有鲜血来浇灌贫瘠的土地。方志敏烈士就是无数仁人志士中的一员。即便在当时“江山破碎、国弊民穷”的最黑暗的日子里，他也不曾对民族解放和复兴的前景怀有一丝疑虑，在《可爱的中国》中，他满怀激情地眺望未来：“到那时，中国的面貌将会被我们改造一新……朋友，我相信，到那时，到处都是活跃的创造，到处都是日新月异的进步。欢歌将代替了悲叹，笑脸将代替了哭脸，富裕将代替了贫穷，康健将代替了疾苦，智慧将代替了愚昧，友爱将代替了仇杀，生之快乐将代替了死之悲哀，明媚的花园，将代替了凄凉的荒地……这么光荣的一天，决不在辽远的将来，而在很近的将来，我们可以这样相信的，朋友……”

❷ 运用比喻的修辞手法，将祖国母亲全新的形象比作黑暗天际中的一缕熹微晨光，生动形象地写出了祖国此时走出困境，重新崛起的状态，流露出作者对祖国重新站立起来的喜悦与自豪。

②终于，祖国母亲以一个全新的形象站立在世界面前，如同从黑暗的天际间中分娩出的一缕熹微晨光。

六十年，是将一片瘠薄的土地变得丰腴肥美的过程，是为一张白纸着色敷彩使之成为美丽画卷的过程。也有过彷徨，有过挫折，甚至遭遇过狂风骤雨，但历史最终尊重了人的愿望，应答了人心的呼唤，道路不复昏昧，方向重新校正，亿万民众的创造活力喷薄而出。这棵数千年老树，重新焕发出勃勃生机，生长出了万千条新枝，更绽开了亿万片饱满圆润的树叶，葳蕤丰茂，郁郁葱葱。和煦的风在枝叶间盘旋缭绕，枝叶摩挲，鸟儿鸣啭，奏响了一首动听的音乐。

960万平方公里的辽阔版图上，如同新枝茁生新叶绽放一样，时时刻刻都有奇迹在发生、成长，动人心魄。①当奥运的熊熊圣火燃亮了天幕，当“神舟六号”在茫茫太空从容遨游，广阔深邃的天地之间，有一阵自豪和欢乐的飓风，在迅疾地酝酿，生成，鼓荡，到处涌动和翻卷，吹拂着天空中的每一片云朵，大地上的每一株草木。

当然，也会传递到我眼前的这棵大树上，撼动每一根枝条每一片树叶。

微风吹拂，沐浴在夕阳光辉中的亿万片树叶闪耀着金光。感受到自身的新鲜活力，感受到来自枝条和躯干的充沛生机，一片叶子感到了真实的幸福。

②亲爱的祖国！你是我的根本，是我的倚仗，是我时刻念兹在兹的亲人，是我永世不离不弃的家园。让我

❶ 通过列举奥运和神舟飞船的事例，具体地展现出祖国充满着无限的创造力，洋溢着蓬勃生机的景象，流露出作者对祖国逐渐恢复繁荣景象的欣喜之情。

❷ 真挚的语言，直抒胸臆，表达了作者对祖国炙热的感情，对祖国的敬重与热爱。

用凝视恋人的目光来瞻望你，用呵护母亲的姿态来守护你。用我一片树叶的卑微，来荣耀你的伟大，直到我飘落，化为一点灰尘，一粒泥土，仍然滋养你的根系。

这是一片树叶的深情倾诉。

延伸思考

1. 文章以“大树上的叶子”为题，代指什么？

____

____

2. 文章结尾作者写到“这是一片树叶的深情倾诉”，纵观全文，“树叶”在倾诉什么？

____

____

当地名进入古诗

名师导读

本文是一篇充满诗意的散文，作者通过各地的古诗词，感受着当地的风土人情，领略着传统文化的魅力，使地图上的各个地点渐渐地在脑海中变得鲜活起来。当诗意与地名碰撞，地名被赋予了全新的意义，一个个地名犹如诗意的泉眼吟诵着不同的诗句。让我们一起在作者的散文中探寻地名与古诗两者相碰撞的魅力吧。

一

一处地名，当然是一个名词。

但这仅仅是在开始的时候。如果你深入进去，知晓了它的前世今生，来路去处，可能就不会这样想了。你会发现它拥有更为丰富的词性。

①尤其当它被嵌入了古诗词，被一再地吟咏。

❶ 这是一个过渡段，承上启下引出下文古诗中提及地名的叙述。

此刻我坐在窗下书桌旁，面向南方。二十层的高处，视野中少有遮挡。秋日澄澈的天空片云不存，纯粹的蔚蓝色一直延伸向天际。朝向是一种天然的提示，为想象力的驱驰提供了区域。① 意识沿着几乎径直的方向奔跑，远远超过高铁的速度，甚至不限于光的速度，是刘勰《文心雕龙·神思》里“寂然凝虑，思接千载，悄焉动容，视通万里”的速度，是佛家教义中“一时顿现”的速度，乍一起念，刹那之间，便锁定了一个巨大的目标，一千公里外中国腹地的大都会，江城武汉。

❶ 运用对比的修辞手法，将意识的速度同高铁及光速进行对比，强调意识转换速度之快。同时引用诗人刘勰《文心雕龙·神思》中的诗句和佛家教义中的内容，强调构思时想象翱翔的作用，具体说明此时自己的意识可以飞速发散到很远的地方。

武汉。扼南北之枢纽，据东西之要津，因而自古便被称为“九省通衢”。自古，诗人骚客便竞相状写它的万千气象，其中尤以吟诵黄鹤楼为多。流传最广的，当数唐代崔颢的《黄鹤楼》了。这样的句子不会有人感到陌生：② “昔人已乘黄鹤去，此地空余黄鹤楼。黄鹤一去不复返，白云千载空悠悠。”蹲踞[1]蛇山之巅，近两千年间，黄鹤楼屹立成了江城的地标，一任大江奔流，岁月递嬗[2]。

❷ 引用唐代诗人崔颢的《黄鹤楼》中的诗句，展现黄鹤楼耸入天际、白云缭绕、气概苍莽的形象，说明当时人们对黄鹤楼景象的喜爱与赞叹。

但实际上，有关这座“天下江山第一楼”的出色诗句还有很多。“孤帆远影碧空尽，唯见长江天际流”（李白）；“银涛遥带岷峨雪，烟渚高连巫峡云”（王十

[1] 蹲踞：踞坐，也指兽类蹲立或踞伏。
[2] 岁月递嬗：指无论岁月如何变化黄鹤楼依然屹立在那里。

朋）;“千帆雨色当窗过，万里江声动地来”（吴国伦）;“鄂渚地形浮浪动，汉阳山色渡江青”（陈恭尹）……长江穿越三镇向远方流泻，这样的句子溅落在多个朝代的诗词册页上，水汽氤氲。

①且让想象也随着江水一路向东，瞬间便会抵达南京。大江的下游，水量更为丰沛，诗篇也越发繁多。“江南佳丽地，金陵帝王州”（谢朓）;“碧宇楼台满，青山龙虎盘”（李白）;“千里澄江似练，翠峰如簇，归帆去棹残阳里，背西风，酒旗斜矗”（王安石）……六朝古都，天下名邦，其美不可方物。但一座城市亦如一场人生，悲欣交集，盛衰相继。兵燹频仍，王朝更迭，禾黍之伤，兴亡之怨，仿佛黯黯烟云，笼罩在石头城上。“吴宫花草埋幽径，晋代衣冠成古丘”（李白）;“江雨霏霏江草齐，六朝如梦鸟空啼”（韦庄）;“歌舞尊前，繁华镜里，暗换青青发。伤心千古，秦淮一片明月”（萨都剌）……

❶ 承上启下，承接上文关于意识在随着江水变换的描述，引出下文对南京六朝古都丰富古诗词的阐述。

然后不妨再来一次小幅度的跨越，目标在东南方向，三百公里。杭州，古称钱塘、临安、余杭。名字不同，不变的是天堂和仙境的美誉。且不再追古抚今，只将它的美好约略端详。索性也就援引几句，而把更大的空间交付给想象：②“东南形胜，三吴都会，钱塘自古繁华。烟柳画桥，风帘翠幕，参差十万人家。”（柳永）

❷ 引用，引用宋代诗人柳永《望海潮·东南形胜》中的诗句，浓墨重彩地描绘出杭州繁荣的景象，具体说明古诗词为地名赋予丰富的内涵。

就在去年，三秋桂子飘香、十里荷花绽放之际，一次盛大峰会，云集了多国政要，恍若鲜花着锦，让曾经的繁华相形见绌。

经过这些古诗词的点化，一个地名分明超越名词的简单指代功能，而具有了更为丰富的意涵。①你能看到它的姿态趋向，是属于动词的；看到它的样貌色泽，是属于形容词的；而这些地方在我们心中引发的向往、赞叹、感伤等种种情绪，不用说又涂抹上了叹词的属性。

❶ 运用拟人修辞手法，将地名拟人化，地名有姿态趋向、样貌色泽、各种情绪，生动形象地指出地名随着古诗词的影响，已经有了丰富的意涵。

伴随着词性的不断叠加，也是它自身的渐次袒露。吟哦[1]之间，意味无穷。

二

每个人都会有与世界互动关联的方式。经由某种机缘，他走上了一条个性化的道路，并由此走向自己的情感、知识乃至信仰。②释迦拈花，达摩面壁，牛顿因落下的苹果发现了万有引力，阿基米德在澡盆里悟出了浮力定律。

❷ 通过列举释迦拈花、达摩面壁、牛顿发现万有引力、阿基米德发现浮力的例子，具体说明人们有各自与世界互动关联的方式，关键是我们要善于体悟，找到属于自己的道路，并坚定自己的信念，始终如一地走下去。

想到列举这些响亮的名字只是为了引出自己的一点感悟，我不免有一些难为情。

[1] 吟哦：吟咏。

但道理的确是相通的，因而也是可以比况的。身为一名汉语之美的欣赏者和追逐者，过往千百载中的古典诗词，成了我几十年来不废吟诵的对象，念兹在兹的牵挂，习惯成自然的功课。①这些被精心提炼和蒸馏过的语言，仿佛经历了千年雨露阳光滋润的甘美果实，自时间的深窖中，散发出浓郁的馨香。我心甘情愿地耽溺[1]其中，心旌摇曳，心醉神迷。

❶ 运用比喻的修辞手法，将被精心提炼和蒸馏过的古典诗词比作经历了千年雨露阳光滋润的甘美果实，果实散发着馨香，生动形象地写出了古典诗词的优美与深邃，让人回味无穷，其魅力不会随着时间而消失。

恰如恋爱的开始，总是易于被意中人举手投足、衣香鬓影间呈现出的美所迷醉，讲究对仗平仄、宜于吟诵的字句，也许是古诗词最早吸引你的地方，但随着沉浸程度的加深，你会越来越了解什么是得鱼忘筌——那些深藏在文字间既辽阔又深邃、既华丽又质朴、既真率又幽曲、既明朗又微妙的东西，足以构成一个广大的宇宙。

②“乘着这歌声的翅膀，亲爱的随我前往，去到那恒河的岸旁。”德国诗人海涅的诗句，因为大音乐家门德尔松的谱曲，而传遍世界。一条远在印度次大陆上的想象中的河流，托举起了整首诗歌如梦如幻的意境，舒缓温柔，优雅恬静。

❷ 引用德国诗人海涅的诗句，表明恒河被人写诗吟诵后，增添了优雅恬静的意境，具体说明诗歌是一个广大的宇宙。

这样的河流也在我们身边。在更早的时间，早到

[1] 耽溺：沉溺。

《诗经》的年代，流淌在更为遥远的东方，古老华夏的腹地。它褪去梦幻的色彩，素颜朝天，更加真切确凿。① “谁谓河广？一苇杭之。”（《诗经·卫风·河广》）面目模糊不清的先人们在吟诵。一条大河波浪宽，但用一捆芦苇做成小船，就能横渡过去。

❶ 引用《诗经·卫风·河广》中的诗句，具体说明诗歌穿越时间的长河，可以看到简约文字里蕴含的原本丰富的世界和人生。

怎么看这一句诗，都像是一个隐喻。无论是精短的绝句律诗，还是稍长些的乐府歌行，总归是有限的文字体量，仿佛轻舟一叶。它虽然小，却能够掠过浩渺的水面，抵达遥远的对岸。

诗歌的小舟穿越的这一道河面，有着一个阔大的名称：世界和人生。

波光潋滟，浪涛滚滚。一代代心灵中的喜悦和伤悲，梦想与幻灭，引吭高歌或低吟浅唱，流淌成一条情感的河流。每一个漩涡，每一道湍流，每一簇浪花，甚至每一滴水珠，都有着心绪的投影，情感的折射。只有语言能够驾驭它们，而诗是语言的最高形式。② 经过捕捉和辨认，提炼和浓缩，它们被聚拢在诗句里，仿佛香料被收藏在瓶子里。

❷ 运用比喻的修辞手法，将经过捕捉和辨认，提炼和浓缩的语言比作香料，诗句比作瓶子，生动形象地点明诗是意涵深远，发人深省的语言，让人沉迷其中。

诗是语言的最高形式。简约精练的文字里，却有着令人眩晕的宽广和幽深。

三

在我个人的经验中，面对地图时，也总是古诗词最能够以生动的姿态呈现的时刻。

读地图的爱好，从少年时固定下来，持续至今。目光摩挲过一个个地名，旁边那些或大或小的圆圈或圆点，在幻觉中次第打开。①仿佛是岩溶地带大山峭壁之上的洞穴，外部看去并不大，一旦进入，却会发现溶洞宽阔，石笋奇诡，暗河幽深。这些或熟悉或陌生的地名下，也藏匿着自然、历史、传说、民俗……一个物质和精神的丰富浩大的谱系。而与这种感觉几乎同步，此时耳畔也总是会响起古诗词铿锵或婉转的音调，在眼前幻化成为一幅幅画面。

❶ 运用比喻的修辞手法，将地名比作岩溶地带大山峭壁之上的洞穴，外部平平无奇，但内藏乾坤，生动形象地表明地名虽然看着只是简单的符号或语言，但每个地名都隐藏着属于自己的神秘景象。

譬如此刻，目光所及之处，是甘肃武威，位于雄鸡模样的版图的背脊。丝绸之路的重镇，河西走廊的门户。汉武帝派骠骑大将军霍去病远征河西，大破匈奴，为彰显大汉的“武功军威”而命名此地。不过在漫长岁月中，它更为人知的名字是凉州。凉州，地名二字中已经有了凛冽的寒意，入诗，更是漫溢出边地的荒凉，戍人的哀愁。甚至“凉州词”在唐代成为专门的曲调，很多诗人依调填词：②“羌笛何须怨杨柳，春风不度玉门关”（王之涣）；“坐看今夜关山月，思杀边城

❷ 引用王之涣、孟浩然、王作枢的诗句，表明“凉州词”充满荒凉与哀愁的意味，正如“凉州”二字入诗后一般充满凛冽悲凉之感。诗句使得地名充满了自己独特的气息。

游侠儿”(孟浩然);“白石黄沙古战场,边风吹冷旅人裳”(王作枢)……从汉唐到明清，一片愁云惨雾，飘荡舒卷在西北大漠戈壁之上。

不过这种种负性情绪很可能被夸大了。献愁供恨，本来就是传统文人的拿手戏。真实的生活并没有那样可怕，只要真正走进了它的深处，就会领悟到“生活在别处”。这里有迷人的边地风景：①“山开地关结雄州，万派寒泉日夜流”(沈翔)，“草肥秋声嘶蕃马，雾遍山原拥牧羊”(张珝美);这样的背景下展开了火热的生活：“车马相交错，歌吹日纵横”(温子升)，“市廛人语殊方杂,道路车声百货稠”(沈翔)。市场繁华,物品丰饶，交织着四面八方的口音，穿梭着不同民族的身影。

❶ 引用诗人沈翔、张珝美、温子升的诗句，展现边地生活也具有繁华、热闹、惬意、优美的一面。

葡萄酒香，弥漫了这里千百年的天空。原产西域的葡萄，被汉使张骞经丝绸之路引入中原，第一站就是凉州，因此这里酿制的葡萄酒久负盛名。②“葡萄美酒夜光杯，欲饮琵琶马上催”，唐代诗人王翰品尝到的那一缕醇香，一直传递到了明代诗人张恒的笔下，可谓是回甘悠长：“垆头酒熟葡萄香，马足春深苜蓿长”。

❷ 引用唐代诗人王翰以及明代诗人张恒的诗句，点出凉州的葡萄酒远近闻名。

这里更是一片歌舞的土地：“凉州七里十万家，胡人半解弹琵琶”(岑参)，“唯有凉州歌舞曲，流传天下乐闲人”(杜牧)。盛大而普及。“琵琶长笛曲相和，羌儿胡雏齐唱歌”(岑参)。这里的少数民族孩童，自幼受到音乐熏陶，稍稍长大，肢体动作也便有了特别的韵律：“狮子摇光毛彩竖，胡腾醉舞筋骨柔”（元稹）。

因为这些诗句，一个原本抽象单调的地名变得具体而生动，有了色彩、声音和气息。一行诗句便是一条通道，让我穿越时光的漫漫长廊，得以进入彼时的天空和大地，道路和庭院，欣赏四时风光，八方习俗。

①如果一个地方是一只瓷器，诗词便是表面上闪亮的釉彩；是一株苍劲虬曲[1]的古藤，诗词便是纷披摇曳的枝叶；是一个窗口，诗词便是自里向外望见的天光云影，四时变换，任意舒卷。

❶ 运用比喻的修辞手法，将地名比作瓷器、古藤、窗口，诗词比作瓷器上的釉彩、古藤上的枝叶、窗口外的风景，生动形象地说明诗词使得单调的地名变得具体生动起来。

四

这不过是辽阔版图上的一个点。②广袤的大地上，有无数个这样的点，仿佛天幕上繁密的星辰。不同的点连接成线，众多的线又交织成面，于是在想象的天空里，星汉灿烂。

❷ 运用比喻的修辞手法，将大地上无数的地点比作天幕上繁密的星辰，生动形象地表现出大地上无数的地点如同无数的星辰一般，远远看着渺小，背后充满着神秘的景色。

做一次连接起几个地点的旅行吧。此刻我目光正对着雄鸡地图上中间偏左的一点——开封，河南省的重要城市，著名的古都。让想象的脚步自此处迈动，由东向西，踏上古中国坚实饱满的腹部。

老丘，大梁，陈留，东京，汴梁，汴京……历史漫长，

[1] 虬曲：盘曲如虬龙。

给这里留下众多名称。①“高楼歌舞三千户，夹道烟花十二衢”（何景明），八个朝代的都城，《清明上河图》和《东京梦华录》里的世界，享有“一苏二杭三汴州”的美誉。始建于北宋的开宝寺塔，俗称铁塔，是这座城市的标志：“隋堤烟柳翠如织，铁塔摩空数千尺。”（于谦）那时登上铁塔，会看到一条大河流淌。汴河，隋唐大运河的一段，当时最重要的漕运通道。“汴水流，泗水流，流到瓜洲古渡头。”（白居易）以河流为纽带，中原的朴厚，连接了江南的灵秀。金元以降，汴河深埋于地下，就像这座城市的繁华，被封藏于记忆中。

❶ 引用明代文学家何景明的《大梁行》，展现出古大梁城的富贵繁华热闹场景，具体说明开封很久以前便是一座繁华的都市，充满历史的痕迹。

继续西行，洛阳在洛河边迎候。自高宗起，它做过唐王朝五十年的都城，故有东都之称。“唯有牡丹真国色，花开时节动京城。”（刘禹锡）洛阳牡丹，原来那时就已经闻名天下。通都大邑，从来都是野心竞逐之地，②因此“古来名与利，俱在洛阳城”（于邺）。而富丽豪奢，即便登峰造极，最终也不免灰飞烟灭。君不见西晋豪富石崇的金谷园里，“繁华事散逐香尘，流水无情草自春”（杜牧）。吊古未免伤怀，那就不如欣赏日常的风景，体味朴素的人间情感吧。“谁家玉笛暗飞声，散入春风满洛城”（李白）；“洛阳三月花如锦，多少功夫织得成”（刘克庄）。大自然的声色之美，足以娱情遣兴。“乡书何处达？归雁洛阳边”（王湾），“洛

❷ 引用唐代诗人于邺的《过洛阳城》中的诗句，点明洛阳城在千余年间都是人们对名利的追逐场地，这里充斥着历史的痕迹，记录着朝代的变迁与盛衰。

阳城里见秋风，欲作家书意万重”（张籍）。乡思乡情，最能慰藉一颗羁旅[1]中的诗心。

这一段目光的旅程，且歇止于西安，八百里秦川的中心。它的古称是长安，大唐帝国的中枢，几个世纪间的世界第一都市，①“九天阊阖开宫殿，万国衣冠拜冕旒”（王维）。众夷归化、万邦来朝之地，什么样的想象力，才能够担当起对这座伟大之城的勾勒？如果它是一幅巨型画卷，一首诗便是一道笔画，一抹彩色，参与了对它的描画。且只听听有唐一代诗人们的吟诵：“长安一片月，万户捣衣声”（李白），“滞雨长安夜，残灯独客愁”（李商隐），“长安渭桥路，行客别时心”（綦毋潜），“秋风生渭水，落叶满长安”（贾岛），“长安大道连狭邪，青牛白马七香车”（卢照邻），“长安回望绣成堆，山顶千门次第开”（杜牧），“春风得意马蹄疾，一日看尽长安花”（孟郊），“长安陌上无穷树，唯有垂杨管别离”（刘禹锡）……②从初唐到盛唐，复由中唐到晚唐，一辈辈人们写下的诗句层层叠叠，仿佛远处终南山上的白云青蔼，与这座城市相望相映。

诗句是时代的笺注[2]，阐释着生活的广阔的内容。字里行间，五味杂陈。有世相百态，有历史云烟，有

❶ 引用唐代诗人王维的《和贾舍人早朝大明宫之作》中的诗句，通过描述早朝中万国使节在辉煌的宫殿中向君王叩头的景象，表现出西安以前国力的强盛与繁华。

❷ 运用比喻的修辞手法，将唐代一辈辈人们写下的诗句比作终南山上的白云青蔼，生动形象地点出唐代诗人们留下的诗句之多，层层叠叠绵延不绝，侧面体现了唐朝的繁华，人们生活的富足。

[1] 羁旅：文中指长久在外漂泊的人。
[2] 笺注：古书的注释。

心底沟壑，有眼前峰峦。王朝命运，人生遭际，相逢与别离，得意与失意，戍边将士的思念，留守妇女的哀怨。它们纠结缠绕，音律从高亢到凄凉，涵盖了宫商角徵羽，弥漫于东西南北中。

❶ 运用比喻的修辞手法，将古诗比作手机中的芯片，生动形象地写出了古诗虽然言语简练，但意涵丰富的特点。

①一首古诗，仿佛一部手机里的芯片，体积微小，却有着巨大的内存。

五

❷ 总领下文，点明地点与人们的精神存在着关联，引出后文地点在诗词熏陶后成为精神元件的展开描述，暗示地点中隐藏着人们的精神寄托。

②呼应着存在于万物之间的神秘关联，精神能够寻找到自己的对应物，地点便是体现者之一。向往某一个地方，反映出的其实是一个人的情感维度和美学嗜好。总有一些地方，最能够与处于某个生命阶段的你，产生同频共振。时间和空间的共谋，孕育出了某一类文化的气质、精神的风度。

而诗句，这时便扮演了有力的证人角色。

青春时代，梦想的栖息地是江南吴越。长江之南，古运河两岸，苏锡常狭长地带，杭嘉湖平原周遭，一连串地名仿佛珍珠一样，被唐诗宋词里的句子擦拭得晶亮。江南好，黛瓦粉墙，水弄深巷，桨声欸乃，丹桂飘香。感官的筵席一场场排开，声音和色彩交融无间：③“夜市卖菱藕，春船载绮罗”（杜荀鹤）；“垆边人似月，皓腕凝霜雪”（韦庄）；“日出江花红胜火，春来江水绿

❸ 引用诗人杜荀鹤、韦庄、白居易、皇甫松的诗句，展现出江南景色的优美怡人，生活的惬意。

如蓝”（白居易）；“闲梦江南梅熟日，夜船吹笛雨潇潇”（皇甫松）……韦庄笔下当垆卖酒的美丽少妇，前身该是南朝乐府《西涧曲》的采莲女子，“单衫杏子红，双鬓鸦雏色”。以诗为舟楫，我划入了那一片湖面。在苇荡、乌桕和桑树之间，波光潋滟，莲叶田田。

时光悄然流逝。从某一时刻起，浪漫绮丽的少年轻愁遁隐了，内心开始向往北地的雄浑和寥廓，苍凉和悲怆。①“自嫌诗少幽燕气，故作冰天跃马行”，清代黄景仁这句诗，成为一种新的美学召唤。想到曾经迷恋山温水软、儿女呢喃，不免感到了一阵羞赧。向北，向西，一种迥异的境界在面前展开，是“明月出天山，苍茫云海间”（李白），是“蝉鸣空桑林，八月萧关道”（王昌龄），是“大漠穷秋塞草腓，孤城落日斗兵稀”（高适），是“行人刁斗风沙暗，公主琵琶幽怨多”（李颀），是“紫塞月明千里，金甲冷，戍楼寒，梦长安”（牛峤），是“羌管悠悠霜满地。人不寐，将军白发征夫泪”（范仲淹）……

❶ 引用清代诗人黄景仁的诗句，点出诗人对北地生活的向往以及精神世界的变化。

②就这样，经由诗句的陶冶，一处地点便不再是单纯的外在客体，而内化为精神世界的某个元件；它又仿佛是一帖试纸，能够检测出灵魂中存在着什么样的元素。

❷ 运用比喻的修辞手法，将地点比作精神世界的元件，灵魂中的试纸，生动形象地表明地点已经成为精神的寄托。

时光和阅历改变一个人的容貌，同样也会改写内心。今天，大漠孤烟和小桥流水，西北腰鼓和江南丝竹，已经被悉数存放在我的审美收藏夹内，融融泄泄，不分轩轾。大千世界的复杂性，美的不同风格和样式，被我同样地凝视和品赏，内化为一幅经纬交织、花纹斑斓的彩色织锦。

六

①爱默生说过：诗人是为万物重新命名者。

一些地方，虽然早已经地老天荒地存在着，但长时间里都只是一种物质形态，枯燥粗糙。只有在经过文人墨客的描绘后，才变得具有精神性。诗文也是一种加持，为地名灌注了灵动的气质。②仿佛出色的匠人手里捏出的泥人，被吹拂进了生命的气息，活灵活现。于是一切大为不同。

“郁孤台下清江水，中间多少行人泪？西北望长安，可怜无数山。”（辛弃疾）郁孤台，僻远闭塞的赣州城古城墙上的一处亭台，因为南宋诗人辛弃疾这首《菩萨蛮·书江西造口壁》，而得以广为人知。金兵南下烧杀劫掠，沦陷区生灵涂炭，激发了诗人报国杀敌的炽热的爱国激情。这一腔热血，同样在挚友陆游的血脉中激荡：“楼船夜雪瓜洲渡，铁马秋风大散关。塞上长城空自许，镜中衰鬓已先斑。”瓜洲渡口，散国关隘，当年抗击金兵的前线；而今日“报国欲死无战场”，恢

❶ 引用爱默生的名言，表明人们通过自己的理解为万物附加属于自己的精神寄托，暗指人们会将情感隐藏在地名之中，以寄托自己的思绪。

❷ 运用比喻的修辞手法，将地名比作匠人手中的泥人，被赋予自己的想象后活灵活现，生动形象地表明人们将精神和感情寄托在地名中，使得地名更加具象，意涵丰富。

复中原几成空想，思之如何不郁愤泣血？情感沉郁，气韵浑厚，千年后仍然让人震撼。

多情未必非豪杰。浴血疆场的勇士，同样也能深情款款。沈园，绍兴的一处私家园林，江南众多园林中的一座，却因为陆游与唐婉的一段凄艳悱恻的爱情，而变得与众不同。情深意笃的伉俪，因为陆游母亲的干预，被迫劳燕分飞，内心郁积了永久的疼痛。暮年的陆游旧地重游，触景生情，写下七言绝句①《沈园二首》："城上斜阳画角哀，沈园非复旧池台。伤心桥下春波绿，曾是惊鸿照影来"；"梦断香消四十年，沈园柳老不吹绵。此身行作稽山土，犹吊遗踪一泫然。"至情至性，天地可鉴。不妨说，在《沈园二首》之前，沈园并不存在；有了《沈园二首》，沈园与日月同光。

②个体命途的侘傺[1]，有时却也促成了正向的收获。贬谪无疑是一种惩罚，但一些俊杰之士却用他们的事功和著述，照亮了黯淡的岁月，也让履迹所至之处，一些原本生疏的地名，自此熠熠生光。这方面，苏东坡无疑最为人称道。他一生三次被贬，流寓京外长达十年，且一次比一次走得远，由长江之畔的黄州，到南海之滨的惠州，再到海南孤岛上的儋州。因而他在词作中自嘲③"问汝平生功业，黄州惠州儋州"。三个

❶ 引用宋代诗人陆游的《沈园二首》，陆游借沈园寄托了对唐婉深深的思念之情，反映了陆游的至情至性。

❷ 总领下文，个人命运的曲折，有时也能产生正能量的收获。引出下文对苏轼命运多舛，但却仍旧致力于民生福祉，地域偏僻但依旧难掩其才华横溢，使得一些地名随着他的诗句熠熠生光的阐述。

❸ 引用宋代诗人苏轼的《自题金山画像》中诗句，指出苏轼生平的漂泊不定，抚今追昔，感慨万千，借黄州、惠州、儋州三处地点寄托诗人自己内心的悲切与落寞。

[1] 侘傺：也作侘傺，失意的样子。文中指个人命运的曲折与艰苦。

地方，当时都是偏远小城，是东坡的道德文章，使它们名闻天下。在黄州，他写下前后《赤壁赋》等多篇佳作，彪炳文学史册；在惠州，他致力改善民生，肃军政，减赋税，除水患，“一自坡公谪南海，天下不敢小惠州”（江逢辰）；在儋州，他“设帐授徒”，“敷扬文教”，致力于传播中原文化，被后人赞誉为“琼州人文之盛实自公启之”。

❶ 引用唐代诗人李白《江上吟》中的诗句，指出屈原的诗词可与日月争光，而楚王的昏庸致使山河不在，点明历史上的进步是不朽的，而反动昏庸是必然灭亡的；文章者不朽之大业，而势位终不可恃。

①“屈平辞赋悬日月，楚王台榭空山丘。”（李白）诗句穿越岁月传诵至今，而曾经炙手可热的权势财富，早已灰飞烟灭。在价值的天平上，它们一边是泰山，一边是鸿毛。

七

古诗词中，不少地名寄寓了道德的力量，价值的指向，对作者是自勉自励，更向读者标举了立身处世的姿态。

❷ 引用唐代诗人孟郊和刘长卿的诗句，表明汨罗江蕴含着屈原坚持正义而虽死不悔，坚守自己修洁美德的意志。点明地名中寄寓了人们信仰和道德的力量。

暂且收拢目光，只向水边泽畔，寻觅有关的诗句。汨罗江，屈原于此怀石自沉。信而见疑，忠而被谤，只能身赴清流，以身殉国。②“一掬灵均泪，千年湘水文”（孟郊），“独馀湘水上，千载闻离骚”（刘长卿）。后世文人的景仰凭吊，也如同江水一样奔流不竭。北海，今天的贝加尔湖，苏武被匈奴扣留，远放此地牧羊十九载。“牧羊边地苦，落日归心绝。渴饮月窟水，饥餐天上雪。”（李白）饱受冻馁[1]之患，始终心怀祖国。威武不屈，日月可鉴。

古诗词中，还时常借助自然名胜，提供一种启示。这样的地名，有关气度和胸怀，视野和境界。

这一次，不妨将目光改换方向，自滔滔滚滚，移向莽莽苍苍。大山无语，峰峦悄然，把深沉的意涵，留给那些睿智的灵魂，来破译和解读。《望岳》是杜甫登临泰山的憬悟：“会当凌绝顶，一览众山小。”气魄决定格局，自然和精神的绝美风景，都只向阔大的胸襟敞开。《题西林壁》是苏轼游览庐山的发现：①“不识庐山真面目，只缘身在此山中。”主观与客观，整体和局部，在韵脚的停歇处，思辨开始起步。感性上升为智性，形象转化为哲理，倚仗的是深刻的功夫修为。

②当一些地名被再三引用，被反复言说，它就上升为一种意象，具备了符号的功能。

阳关象征了离别，北邙寓意着死亡。巫山隐喻了男欢女爱，陇头意味着流离失所。蓬莱是来世的向往，昆仑是仙界的居所。碣石摹写北地的萧瑟荒寒，潇湘渲染南国的凄凉悲怨。金谷园是奢靡的狂欢，乌衣巷是繁华的落幕。陌上婉转地言说儿女情长，垓下明确

❶ 引用宋代诗人苏轼的《题西林壁》中的诗句，表明我们要认识事物不应该片面地了解，想要认识事物的真相和全貌，就必须超越狭小的范围，摆脱主观臆断。

❷ 过渡段，承上启下，承接上文地名被古诗句再三引用，便使地名具有自己的意涵，变成了具象的事物，引出下文对地名具有的特殊含义形成的符号性的描述。

[1] 冻馁：饥饿寒冷，受冻挨饿。文中指饱受身体上饥寒交迫的痛苦。

地感慨英雄气短。首阳山，不食周粟的伯夷叔齐于此隐居，喻示着操守高洁。烂柯山，樵夫看二童子下棋，一局未终斧柄已烂，比况了沧桑巨变。

在这样的场合，对这些地名的理解程度，又直接取决于阅读者精神文化的蕴积。① 没有对母语的热爱，缺乏对历史和传统的沉浸，就难以窥见字面背后的精微和玄奥，难以感知到那些不尽之意，言外之旨，声音中的声音，味道里的味道。

❶ 直抒胸臆，点出想要明白地名之后所隐藏的玄妙和意义，我们需要对母语十分热爱和了解，同时精通历史和相关传统文化，流露出作者对中华文化的推崇与热爱。

八

② 古诗词是一棵大树，根系深扎在过去，纷披的枝叶却一直伸展到今天。它永远处于生长中。

❷ 运用比喻的修辞手法，将古诗词比作大树，古诗词创作悠久但影响深远，它将历史的回忆留存至今，引起代代人们的共鸣，人们通过对古诗词的了解，认识世界了解历史，古诗词贯穿历史，启发人们想着更美好的生活迈进。

在它的荫庇下，是一种日常而恒久的生活，是这种生活的不停歇的循环再现，仿佛一年一度，大地上回黄转绿，春华秋实。今天生活的每一种状态，人们情感的每一次波动，大自然的每一副表情，都可以从丰富浩瀚的古代诗歌中，获得印证，找见共鸣，听到回声。

认识到这一点，便会从眼前望到遥远，自此刻看见过去。今天和昨天之间，被一条无形而坚韧的纽带牢固地绾结。时光流转，世事移易，不过有些根本性的东西却是亘古不变的，那就是人情人性。写字楼里两情相悦的青年男女，四目相对时，眼神里闪动的，分明是《诗经》里桑中淇上的炽热；机场海关入口处，送多年故交远赴域外，想到此去经年，或许竟是参商不再，也难免会念及唐诗里的渭城相送，无声细雨打湿了客栈。

①“谁谓古今殊？异代可同调。”（谢灵运）古诗词以历时性的方式，展现了共时性的内容。一首首诗词，正是一个个的接引者，引领读者步入人生与社会的广阔原野，在今与昔、恒常与变易的对话中，加深对于世界和生活的理解。

仔细盯着地图上的一个个地名，时间久了，那些圆圈圆点就会幻化成一个个泉眼。②想象一番，那些被以不同音调吟诵的诗句，岂不正仿佛泉水的汩汩滔滔之声？

泉水不竭地涌流，诗歌也一代代地传诵。

吟唱着山河苍茫，岁月沧桑，生命浩荡。

❶ 引用南北朝诗人谢灵运的《七里濑》中诗句，指出即使不同时代的人也可以志趣相投，步调一致。点出古诗词即使跨越时代的变迁，也可以引起读者的共鸣。

❷ 运用比喻的修辞手法，将吟诵诗句的不同音调之声比作泉水的汩汩滔滔之声，生动形象地表明尽管时间会流逝，地名会变化，但新的地名依旧如同泉眼一般会不断涌出滔滔泉水，诗歌将会代代流传。

延伸思考

1. 文章以“地名进入古诗”为切入点，作者对古诗词持怎样的态度？

2. 作者说："面对地图时，也总是古诗词最能够以生动的姿态呈现的时刻。"请概括文章内容，表述地名是如何呈现出古诗词的魅力。

____

____

地图上的中国

名师导读

在《地图上的中国》中，作者通过对家中地图上圈出地点的怀念，抒发自己对各地丰富生活的热爱，以及对各地丰富自然人文生活的赞美。仔细想想，我们对世界地理的全面认知大多是从接触地图开始的，认识地图是我们一生中的必修课。每个省份每个地区每座城市都有着自己的故事，当你的路途随着思绪在地图上蔓延开来，你会发现地图上的中国丰富多彩。

在我兼作客厅和书房的那间12平方米屋子的墙壁上，挂着一幅1∶300万比例的中国地图。堆满书籍的屋子很逼仄[1]，相形之下地图显得过大了。地图上，这儿那儿，许多标示地名的大大小小的圆圈或圆点上，

---

[1] 逼仄：狭窄。表明房间因堆满书籍而显得拥挤。

被一个更大的圆圈圈住。几位细心的朋友发现了这点，问我，我回答这都是我曾到过的地方。没有人再问，大概都觉得这很正常，和到一个地方旅游要拍照片、买些纪念品一样，是为了一种纪念。

❶ 过渡段，承接上文朋友们认为地图上圈出的地方“我”都去过，引出下文地图上圈出的地方对“我”的影响的描述。

①朋友们的想法没错。但这些圆圈对我有着怎样的丰富深长的意蕴，却只有我自己才清楚。

圆圈一律用的是绿色，一种我最喜爱的颜色。每次从一个新的地方归来，我都迫不及待地在图上相应的位置作出标志。那种心情，像热恋中的青年赶赴一次约会。然后，在几天的时间里，我投向地图的目光会定格在那里，一遍遍地回忆，让思绪温习和抚摸每一个耳鬓厮磨的细节，像一头牛反刍干草。慢慢地，它会和先前画上的其他圆圈一样，移到记忆的边缘和深处，也许很长时间不再去看它想它，但是绝不会被遗忘，和镂刻在青石上的图案一样。某个时候，当我感受的频道重新开向它时，所有的美丽即刻会被呼唤出来，展现开来，鲜明生动如同当初。数十个圆圈都曾重复着同样的故事，数十次的重复必定蕴含着一种真义。

❷ 设问，地图前的“我”会看到什么呢？引起读者的阅读兴趣，引出后文对地图上的内容展开详细叙述。

②站在地图前，我看到了什么？那一个个圆圈会让我产生幻觉，仿佛科幻电影里的镜头，被我的目光激活，旋转着放大，化作一扇扇窗口，一些画面、声音

和气味次第呈现。苏州，青石街道上足音跫然[1]，水巷桥洞下桨声欸乃，春天雨水的湿味里掺和了栀子花缥缈的清香，而秋天桂花的芬芳却熏人欲醉——我有幸走进了它的两个最美的季节。那个叫作富蕴的边陲小城，钻天的白杨树下，小贩在叫卖阿尔泰山宝石，烤肉的烟雾四处飘散。从山上望去，远处额尔齐斯河泛着深蓝色的寒光。①那还是黎明之城景洪淡紫色的晨雾，水田里白鹭悠然漫步，娇小的傣家少女的筒裙旋飘成一朵朵彩云。哈尔滨，是零下 20 度的严寒砭骨刺肤，是洁白的树挂和飘洒的雪霰，是凿开松花江的冰层跃入冰水中的冬泳勇士，是夜晚梦幻般的五彩冰灯。上海浦东的东方明珠电视塔，深圳蛇口的缩微世界，也都曾经反复地在我的脑海中播映。我梦想此生能够把地图上的每个地方都画满圆圈，城市和乡镇，矿山和牧场，让双脚亲吻遍它的每一个角落，每一处皱褶。让我保留这一注定难以实现的美丽幻想吧！

读地图成了我执着的爱好，从未感觉到厌倦，尽管我远非一个有耐心的人。只因为它的内容太丰富，太精彩，才一次次吸引和羁留了我的目光。②这时，一个圆圈又像一条通向过去的时光隧道，等着我穿越岁月层层

❶ 运用拟人和比喻的修辞手法，将白鹭拟人化，将傣家少女的筒裙比作彩云，生动形象地写出富蕴小城景色的静谧优美，生活的闲适自然。

❷ 运用比喻的修辞手法，将地图上的圆圈比作时光隧道，等待人们穿越岁月的长河，探索各地背后的神秘景象，生动形象地表明地图上各地充满着让人沉醉的风景和文化，内容丰富，让人向往。

[1] 足音跫然：原指长期住在荒凉寂寞的地方，对别人的突然到访感到喜悦，后常比喻难得的来客。文中表明苏州青石街道上脚步声交错，作者自己前去游玩留下足音回绕。

叠叠的堆积，去时间的彼端感知它的妩媚和灿烂。每个两字三字四字五字的地名后面，都有着厚厚的一沓电脑软盘才能储存的丰富。读一个地名，便是翻开一册大书，历史是正文，诗文是旁注，物产风俗则是题图和尾花。杭州二字，会让人遥想五代吴越国都的繁华，南宋小朝廷的苟延偷安。[①] 会想起白居易的“江南忆、最忆是杭州”，苏东坡的“欲把西湖比西子”，陆放翁的“小楼一夜听春雨”。想起龙井的幽香，杭丝的滑腻。想起绸布伞和檀香扇。每一次阅读都带来发现，每一个发现又都孕育着新的灵感，难以想象会有穷尽的一天。即便最僻远闭塞的所在，也拥有自己的一份光荣。最新被我做上记号的，是武强，冀中平原一个贫瘠的小县，它的县城甚至比不上江南富庶之地的一个乡村。但就在那里，我参观了一处颇具规模的博物馆，丰富翔实的资料，记述着作为全国五大年画之一的武强年画昔日的灿烂，为我脑海里原本模糊的概念填充了丰满的血肉。五千年风的吹拂雨的浇灌，这块古老的叫作中国的土地孕育了太多的辉煌。只要你愿意，每一个地名都会变成一口永不枯竭的泉眼，涌流出历史和传说，故事和诗篇。

目光在地图上漫游，思想也伸向了遥远。这不是寂寞时的娱乐，或可有可无的消遣，而是一门重要的功课，因为我的整个血肉和精神的存在都与它有关，准确地说是与它代表的一片土地有关。每次读它，都是在追溯我

❶ 引用唐代诗人白居易、北宋诗人苏东坡（苏轼）、南宋诗人陆放翁（陆游）的诗句，通过对杭州每一次观察都会发现不一样的风景，表明各地的文化底蕴丰富多彩，无穷无尽。

情感的源头，探寻我精神的基因。曲阜不只是泰山脚下的一处地名，凉州也不只是今天甘肃武威的古称。①前者孕育了孔子和《论语》，一句“仁以为己任”为全中国的士子标举了做人的姿态；后者衍生了那么多被称为《凉州歌》的唐代乐府，王之涣的名句“羌笛何须怨杨柳，春风不度玉门关”，教会我感受和言说的方式。我用个人的、诗的方式接近它，它也在用群体的、历史的方式向我走来。这仅仅是那雄鸡形状的一大片版图上的两个点，而960万平方公里的土地上，有着这样的启迪意义的地点，仿佛银河里的星星，谁能数清？每个细微的点都连接着宽阔的面，每种现在都通往过去，每一种具体中都蕴含着一般。②如果说，文化是一片古老丰饶的原野，那么每一个这样的地名就是一棵茂盛的大树，根系深深地扎入过去，枝叶则荫蔽了今天和明天。它们与我有关，与我年迈的父母有关，还与我上小学的女儿有关。

既然头顶着同一片历史和文化的天空，因此青绿赭黄的地图上的每一个角落，都是我目光的宿营地，心的故乡。这不是滥情，心绪的流荡自有其独特的管道和法则。一首歌曲唱得好：“我们都有一个家，名字叫中国。”朴拙的比喻里有着最深刻的真实。③当闭塞的广西十万大山开出第一列火车，汽笛声里有我的喜悦。当贵州高原上一位贫困母亲为无钱给孩子交学费伤心抽泣，眼泪中也有我的辛酸。新疆腹地喀什噶尔

❶ 引用《论语》和唐代诗人王之涣的《凉州词》中的名句，具体说明通过对地点的深入探索，我们能够发掘出更多文化和精神遗产。

❷ 运用比喻的修辞手法，将文化比作原野，地名比作大树，生动形象地点出地名与文化的关系，文化孕育出地名，地名扎根于文化的土壤中，表明地名背后隐藏着丰富的文化内容。

❸ 通过列举一系列祖国大地上发生的事情都让“我”深有感触，具体说明祖国幅员辽阔，同一片天空下皆是故乡，流露出作者对祖国的深切热爱之情和浓厚的归属感。

维吾尔族人的歌声和我有关，西藏拉萨布达拉宫前飘扬的经幡和我有关——虽然我尚未能在这些地方画上圆圈。土地宽阔，车辙纵横，我的足迹所及只是少数，但并不妨碍我用心抚摸它的全部。天空是连接的，道路是连接的，此地的风会在彼处的水面上拂起涟漪。

读地图，已经成为我不肯割舍的习惯和爱好。心醉神驰中，感悟也源源不断。我把它当作一堂没有期限的课程。它既寄托了对丰富广阔的生活的向往，又是我和自己对话的方式，更是对母语和国土的一种注目仪式。它时时提醒我，让我知道我的心的疆域，我行走的姿态，我的信仰和爱情的起讫，我忠诚和献身的方式。让我终身学习这一功课吧。

延伸思考

1. 作者在回忆中特别对“武强”这样一个冀中平原一个贫瘠的小县加以详细叙述，有什么作用？

____

____

2. 作者在文章中强调“读地图，已经成为我不肯割舍的习惯和爱好”。请根据全文内容阐述原因。

____

____

对　坐

名师导读

本文流露出作者对父母深深的爱意与担忧，指出随着时间的推移，仅仅是对坐，便也是期盼的幸福。文章语言朴实，感情真挚，描写细腻，让人不禁感同身受。要知道时光不会倒流，也许眼前短暂的相聚你不会放在心上，但随着时间的逝去，你会发现曾经的稀松平常渐渐会变成奢望。从作者的散文中，我们认识到哪怕是简单的对坐，日常的点滴相处其实亦是一种幸福，我们要努力珍惜生命中许许多多的点滴幸福。

两只沙发，一长一短，围着面对着电视机的茶几，摆成一个L形。我坐在短沙发上，父母并肩坐在我的对面，准确地说是斜对面的长沙发上，看着茶几前面两米开外处的电视荧屏。电视机里正播放着一部古装剧。

❶ 外貌描写，通过对父母脸上皱纹、老人斑以及浑浊的眼球的详细刻画，形象地展现出父母此时苍老年迈的形象，流露出作者对父母年华逝去的伤感，以及对父母的深深担忧与关心。

❷ 语言描写，通过母亲的语言叙述，流露出母亲对“我”深深的关心，同时表明此时“我”的年纪已近中年，侧面表明母亲已近年迈。

① 伸手可触的距离，他们的面容清晰地收入我的眼帘之中：密密的皱纹，深色的老人斑，越来越浑浊的眼球。他们缓缓地起身，缓缓地坐下，一连串的慢镜头。母亲这两天肺里又有炎症了，呼吸中间或夹带了几声咳嗽。

我心里泛起一阵微微的隐痛。近两年来，这种感觉时常会来叩击。眼前两张苍老松弛的脸庞，当年也曾经是神采奕奕，笑声朗朗。在并不遥远的十多年前，也是思维敏捷，充满活力。而如今，这一切都已然悄悄遁入了记忆的角落。

我明白，横亘在今与昔巨大反差之间的，是不知不觉中一点点垒砌起来的时光之墙。

② 记得多年前，在我四十岁左右的时候，有一天，母亲端详着我的鬓角，用一种充满怜惜的口气感叹道：儿啊，你都有白头发了！如今又过了十多年，我也已过半百，白发较之当年自然是更呈增长之势了，母亲却不再提起。面对时光的劫掠，每个人都无可逃遁，最明智的应对也许就是缄默。但这种劫掠体现在老人身上，显然更为袒露和张扬，更为触目惊心。时光流逝之匆促，想起来，会有一种荒谬之感。不知不觉中，他们都已经年届八旬了。生命是一个缓慢的流程，在成长、旺盛和衰颓之间，他们踏入最后一个阶段，渐

行渐远。举手投足之间的那一份迟缓，无不源自时光累积所形成的重量。

其实，我有充足的理由感谢上苍：父母没有致命的疾病，买菜做饭，洗涮清扫，都还能够自理。①每到周末，母亲都要拿出最好的手艺，尽量做得丰盛些，做我们最喜欢吃的饭菜，等候我们过去。一家人围桌而坐，那一种平静而深邃的满足之感，是随着年龄的增加，体验得越来越深了。

❶ 通过对母亲平日常常做我们最喜欢的饭菜，等我们过去的事例叙述，流露出母亲对孩子们深深的母爱与思念。

前年如此，去年如此，今年也如此，这就很容易给人一种感觉，似乎这种状态可以长久地持续下去。但身边众多的事例也让我清醒地认识到，在他们这样的年龄，什么样的事情都有可能发生。眼前看似颇为圆满的一切，实际上都是脆弱的，随时可能会遭遇某种不测。再次感谢命运的眷顾，那种戏剧性的猝然之灾，没有发生在父母身上。但并不是说，他们能够逃脱伴随老年而至的、那一阵阵叫作衰老和疾病的寒风的袭扰。前年初夏，从住了十年的远郊小镇上搬过来不久，一向体格不错的母亲得了一次急性肺病，平生第一次住了半个月的医院。如今她嗓子里时常会有一些浊重的喘息声，就是那次的后遗症。

再退一步讲，即使有少数人十分幸运，一生身心康健无病无灾，也总要走向那个最后的归宿。②在自

❷ 运用比喻的修辞手法，将人比作树叶，秋风萧瑟树叶将会落下，表明人的生命随着年龄的递增而随时面临死亡，渲染一种萧瑟凄凉的氛围。

然规律的寒冽秋风面前，人只是一枚瑟瑟的树叶。财产，甚至，最深的爱，都阻挡不住那个必然会到来的结局，延迟到来而已。生命最深刻的悲剧性，正是体现在这里。

①于是，我已经清晰无比地望见了，眼下我所看到的父母的一切言行举止，随着时光的流淌，都将会加上一个“更”字。更缓慢的动作，更迟缓的反应，更多的睡眠，更少的饮食——而这，在未来的日子里，在可以想象出来的诸多情形中，将是最好的情况。

❶ 通过“我”对未来父母更加缓慢的动作，更加迟钝的反应等行为的想象，形象地表明父母随着年龄的增加在逐渐衰老，流露出“我”对父母浓浓的牵挂与担忧。

除此之外，你不能祈求更多。

理性和感情是两回事。内心深处早已是波澜不惊，但脑海里却每每执拗地浮现出一个童话画面：忽然有一日时光倒流，枯黄的草重返青葱，坠落的果子飞回树上，老人变回青年，童年正在前面等待。

②那样，我就可以重返那一个场景，那是我童年记忆中最清晰的一幕：母亲骑着自行车，要把我送到姥姥家住几天。我坐在前梁上，母亲低下头来对我说着什么有趣的事情，我笑得险些从车上掉下来。当小学教师的母亲，那时候还不到四十岁。时节是春末夏初，阳光明亮温暖，庄稼地一片葱茏，生机勃勃。自行车车轱辘在乡间土路上颠簸的那种感觉，穿越岁月烟云，一次次传递到此刻，鲜活真切。

❷ 插叙，通过“我”对童年记忆的美好回忆，展现出童年时自己记忆中母亲的朝气与温暖，体现出岁月无情的流逝。

几年前的一个夜晚，我曾经做过一个这样的梦——

也是这样地与父母坐在一起，不过是在当时他们居住的房间里。客厅逼仄，只容得下一张沙发，他们坐在沙发上，我坐在一只小方凳上，在聊着什么。忽然间，没有任何预兆，他们坐着的沙发连同后面的墙壁，开始缓缓地向后移动，越来越远。我大声呼叫，他们也手忙脚乱地叫喊和招手。但无济于事，移动的速度越来越快，他们的身影越来越小，终于看不到了。眼前是白茫茫一大片，似乎是我的故乡常见的盐碱地。

①这时候我醒来了，惊魂不定。

❶ 承上启下，承接上文自己做梦，醒后惊魂不定表明此时自己内心的焦急与不安，引出下文对自己惊魂不定原因的解释。

这其中的意味，应该再为明确不过了，不需要特别阐释就能读懂。它是关于丧失，关于永远的分离。对于父母来说，对于子女来说，这都是一个必然会到来的日子，我不过是在梦境中做了一次预演。我明白了，这关乎内心中最深最顽固的恐惧，虽然平时自己未必意识到，更有可能是不愿意去面对。在黑夜，在理性的掌控最为脆弱的时候，它释放了出来。

有好几天，这个梦境仿佛一道阴影，笼罩在我的心中。

既然分离必将到来，与其感叹这个铁一样无法改变的结局，不如在将来的“无”将一切淹没之前，努力抓住现在的这个“有”，珍爱它佑护它，把它的意义和滋味，品咂[1]到充分。对于生命的有限性而言，

[1] 品咂：品尝；体会。

“来日无多”永远是正确的，即便侥幸得享期颐之寿。[①]因此，对于挚爱的亲人，任何时候，每一次相聚的时辰，都是弥足珍贵。多少人就因为抱着来日方长的错觉，该珍惜的时候不曾珍惜，过后追悔莫及。

❶ 直抒胸臆，点明我们与亲人相聚时光终是有限的，分别终会来临，我们需要珍惜每一次团聚，这些都是弥足珍贵的回忆。

那么，我要好好地想一想，在今后的时日中，哪些是需要认真去做的。应该尽量多过来陪伴他们坐坐，不要以所谓工作紧张事业重要云云，来为自己的疏懒开脱。和挚爱亲情相比，大多数事物未必真的是那么神圣庄严。当他们唠叨那些陈年旧事时，虽然已经听过多少次了，也要再耐心一些，那里面有他们为自己衰老的生命提供热量的火焰。他们大半辈子生活在几百公里外的故乡小城，故乡的人和事是永远的谈资，他们肯定会有回去看看的想法，只是怕影响我的工作，从来没有明确地提起。[②]我应该考虑，趁着某个长假日，开车送他们回去住上几天，感受乡情的滋润和慰藉。

❷ 心理描写，通过对“我”考虑到父母顾念家乡生活，接下来计划带父母回乡生活一段时间以慰藉思乡之情的心理叙述，流露出“我”对父母深切的关心。

我要好好地想一想。

回到眼下。让我将眼中的这一幕场景，深深烙印在我灵魂的版图上：

出于一辈子养成的节俭习惯，他们看电视时只开着沙发边小茶几上的台灯。从灯罩上方的圆孔中放射出的灯光，在天花板上扩散开来，晕染成为一个大了好多倍的圆圈。电视机荧屏上变动的光影，把他们的脸映照得忽明忽暗。① 后腰和沙发之间，塞上了一只棉靠垫，以支撑住他们日渐衰疲的躯体。父亲起身，慢慢地走到厨房里，倒一杯水，慢慢走回来坐下，小口啜饮着，嫌烫，又放回茶几上。母亲摸索着剥开一颗花生，还没有送到嘴里，目光变得迷离了，嘴慢慢合上了，喉咙发出了一声轻微的鼾声，但马上又醒过来了。

❶ 细节描写，通过对父母如今坐在沙发上需要背后塞上一个棉靠垫的细节描述，生动形象地展现出父母年迈疲惫的形象，流露出作者对父母身体的担忧与牵挂。

多么盼望，这一幕能永远驻留，天长地久。这当然不可能。② 那么，就默默祈盼，让它注定会变作记忆的那个时间，来得越晚越好。

❷ 默默期盼，这一动作直抒胸臆，直观地表露出作者对亲人的担忧与挂念，内心祈祷与父母分离的迟些到来，不舍的情绪尽在不言中。

我已经认识到，而且随着时光流逝，将会越来越强烈地认识到：这，就是幸福。

延伸思考

1. 文章中“我”梦中醒来惊魂不定的原因是什么？

____

____

2. 文章最后作者提到“我已经认识到，而且随着时光流逝，将会越来越强烈地认识到：这，就是幸福”，结合全文谈谈有何含义。

____

____

第二辑　目光里的松阳

距目光最近的地方，是进入村口的小路，旁边有一眼方方正正的水塘，碧绿的水面上有几只白鹅游弋。目光向右后方向挪移，在另一条进村的小路旁，有三棵粗壮茂盛的古松树，一字形排开，高高挺立在一片青黑色的屋顶之上。

作家带你练

【2022—2023 学年广东省茂名市高州市七校联考九年级（上）期中语文试卷（A 卷）】

阅读下面的文字，回答问题。（16 分）

招　手

①这两年间，我心中最舒坦的一件事，是和年逾古稀的父母做了邻居。他们和我住在同一小区，同一幢楼，相邻的单元里。走一个来回，包括上下电梯，只需五分钟。

②十多年前的冬末，他们从 300 公里外的冀东南小城迁到北京，去年夏初，又从 30 公里外的郊区小镇，迁到我居住的三环边的小区里。父母年龄越来越大，能够就近照顾他们，是我们兄妹的共同心愿。

③转眼一年过半，我并没有照料他们什么，倒是总受到他们的呵护。骤雨来袭，再不用担心出门时窗户大敞，因为他们会及时过来关上；晚上回家，餐桌上经常摆放着母亲做好送过来的吃食——包子或炒饼，

茄夹或馅饼，温乎乎的，像童年记忆中，母亲抚摸我脸颊的那双手。

④有父母在身边，我内心的幸福滋长得茂盛。

⑤刚搬来时，他们说："这下好了，你们晚上别开伙，就来我这边吃吧。"很快，他们就失望了——儿子媳妇都忙，晚上七八点钟才回家，错过饭点是常有的事。到了周末，我们才能凑在一起吃上一两顿饭。为了这一两顿饭，母亲会提前很久做准备。

⑥虽然不是每天都去父母家，但每天我都能和他们相见，用的是当初谁也没有想到的方式——招手。

⑦他们和我，父母和儿子，每天清晨，一方在院子里，一方在房间里，隔着几十米的距离，相互招手。这个动作，成了每天的固定节目。

⑧父母有早起散步的习惯。一年多来，除了冬季，在其他三个季节，每天早晨他们都会定时出门。六点多钟，我走进厨房，张罗简单的早餐。从窗边向下张望，多半就会看到父母已经在楼下的小花园里散步了。花园是被几幢楼围起来的一个椭圆形空间，不大，尽在我的视野中。通常，母亲走在前面，目光平视，父亲跟在后面十几米处，佝偻着腰，看着地面。但每当面对我所在的这幢楼时，他们都会抬起头来，向着我家这扇窗户张望。

⑨我知道他们在等我，于是我伸出手，朝他们挥动。

⑩不记得第一次招手是怎样发生的，但自从有了第一次，便每天如此，成了习惯。

⑪这样大约过了一个月，有一天早晨，我忽然萌生一个孩童般的

念头。他们在半个小时的散步时间里，每次走到面对我家窗边的位置时，都一如既往地抬头望着，一共五六次。但我没有像以往那样，伸出手去跟他们打招呼。最后两次，他们停下脚步，望着这儿，议论着什么。我知道他们在说怎么没见到儿子。他们向东边走，要回自己住的单元里去了，在二三十米长的路上，他们还不时地停下脚步，身体扭转过来，仰头朝我这边望。

⑫没过几分钟，电话响了，是母亲打来的。她问："今天怎么没看见你，没有听说你要出差啊，是不是生病了，哪里不舒服？"

⑬我心里掠过一丝疼痛。我觉察到，我的游戏中有一种孩童般的顽劣。

⑭从那以后，每天早晨我进厨房第一件事就是走到窗边，拉开纱窗，伸出胳膊向他们招手，然后才开始准备早餐。

⑮这样，招手对我而言便有了一种仪式感。做完这个动作，我才会感到心中踏实，这一天的开始也就仿佛被祝福过，变得明亮且温暖。对父母而言，这个动作的意义更大。当脚步日渐迈向生命的边缘时，亲情也日益成为他们生活的核心。

⑯我把这当作是冥冥中的一种赐予。招手，父母和儿女之间，血脉和骨肉之间，呼唤和应答，自然而然，但又意味深长。

⑰父亲和母亲，一位 78 岁，一位 75 岁。

⑱父母的长寿，让我欣慰；父母的衰老，让我忐忑。每当看到一些耄耋之年甚至期颐之年的老人身体康健，精神矍铄，不论是否相识我都为之欢欣。潜意识中，我总是把父母的未来和这些老人的现状相

叠加。但亲友或同事家老人的猝然离世，又时时提醒我，命运无从测度、难以掌控，不情愿发生的事情照样可能发生。

⑲我只能叨念，希望在他们体力衰弱的诸多表现中，在那些动作变得迟缓、脚步变得蹒跚、目光变得浑浊的表现之前，不要加上一个“更”字。那些一点点剥夺他们尊严的伎俩，那些让我们心里的疼痛一寸寸累积的东西，虽然终归要来临，但请来得迟一些，再迟一些吧。

⑳我自认为是一个彻底的唯物论者，但到了如今的年龄，有时却希望，真的有一个无所不能的神灵，那样我会向他祈祷——

㉑请你保持这一幕，让我和父母，永远能够像今天这样，相互招手。请将这一幕，固定成永恒的风景。

（选自《读者》2021 年第 17 期，有改动）

1. 阅读全文，概括“我”和父母做邻居，是“心中最舒坦的一件事”的原因。（3 分）

____

____

2. 按要求赏析下面的句子。（6 分）

（1）在二三十米长的路上，他们还不时地停下脚步，身体扭转过来，仰头朝我这边望。（从描写方法的角度）

____

____

（2）我觉察到，我的游戏中有一种孩童般的硕劣。（从加点词的角度）

3. 请简要分析文章结尾段的作用。（3 分）

4. 关于本文的主旨，有人认为是抒写家庭亲情，有人认为是对老年人生活状态的关注。你赞同哪种看法？为什么？（4 分）

名师带你读

快乐墓地

名师导读

《快乐墓地》向我们展示了人们面对未知的死亡时另一种坦然轻松的状态。文章通过运用对比的手法，借助悲伤的墓地状态突显出快乐墓地的与众不同。作者通过《快乐墓地》启示着我们深入地思考面临生死这样大事的态度，启示着我们把握当下的生活。那么，罗马尼亚北部马拉穆列什县，一个叫作瑟彭的边境乡村中的“快乐墓地”，究竟是怎样的呢？我们随着作者一同感受下这独特的地域现状。

有一些这样的地方，它们的存在，似乎是为了帮助人解答生命中的某些大谜。由于机缘凑巧，一些人

来到这里，徜徉盘桓、目接神交之间，原本埋藏心头已久的某种纷乱模糊的东西获得了澄清，至少是显露了基本的内在轮廓。

❶ 过渡段，单独成段点题，同时引出下文对快乐墓地的展开描述，表明快乐墓地具有帮助人解答生命中某些大谜的作用。

①譬如快乐墓地。

它位于罗马尼亚北部马拉穆列什县，一个叫作瑟彭的边境乡村。地方十分僻远，隔着一条界河，对面乌克兰的果园和村庄清晰可见。大概极少有东方人来这儿，我们一行几人到处都成为众人目光的聚焦点，用当今时髦的话说，是充分吸引了眼球。仅仅因为这处墓地，偏僻的村子得以闻名遐迩。这显然是由于话题本身的分量。墓地是死亡的寓所，而死亡是每个人早晚都要面对的，它并不遥远，而且无可逃避。

墓地紧邻贯穿村子的一条街道，旁边和对面都是人家的院子。它是个长方形的院落，中间是一间乡村教堂。墓碑整齐地排列着，横平竖直，相互间的距离不大。我数了数，每排是十二个，共十几排，约几百个。墓碑之间，墓穴之上，花木丛生。墓碑高低错落，大部分都有两米多高，用山毛榉木雕凿而成。墓碑顶部是十字架，为了遮挡雨水，上面罩上了坡度陡峭的小尖顶。墓碑雕凿而成，再彩绘上多种颜色，以湖蓝色为主。②碑身上半部，是介绍死者生前职业、性格和嗜好的绘画浮雕，下半部则是成行排列的诗句，既

❷ 细节描写，通过对墓碑碑身上内容的丰富概括，体现出快乐墓地与众不同之处，引出后文对碑身上相关内容的详细叙述。

富于幽默感又充满哲理。整个碑身上装饰着各种图案，红绿相映的花卉，颗粒饱满的麦穗，飞舞的小天使，成对的鸽子，等等。还有各种几何图案，圆形，三角形，曲线形，等边菱形等。

①我在墓碑间随意走动，丝毫没有置身墓地的阴冷凄凉的感觉，倒像是在欣赏一处民间艺术馆，周身放松，心旷神怡。初秋的午后，阳光暖洋洋地照射着，四周明亮温暖，静谧安详。陪同我们的中国驻罗使馆年轻的外交官小耿，很认真地介绍着碑身上的文字。其实通过朴拙的画面，已经能够基本了解死者的大致情形。②一位健壮的男人正在扬鞭驱马犁地，显然他生前是一位农夫；一位男子坐在拖拉机上招手致意，不用说是位拖拉机手；其他，像全神贯注搓线的妇女，正在刨平木板的木匠，打开蜂箱取蜜的养蜂人，挥刀刈草的夫妻……都栩栩如生地写照了主人在世时的职业和生活。不少画面还介绍了死者死亡的原因。一块墓碑上有三幅画面，第一幅画的是死者在果园里采摘果子，第二幅是后面一个人用枪顶着他的头，第三幅是死者的头被那人拿在手里，身子躺在地上。文字介绍说，他死于“二战”时期，是被入侵的匈牙利人杀死的。另外一块墓碑，正面画着一个埋头读书的女学生，背面画着她正走出屋门，前面是一辆大卡车。猜测她

❶ 运用比喻、对比的修辞手法，将“我”在墓碑间走动比作欣赏民间艺术馆，两者不同的氛围感对比，突出强调快乐墓地与其他的墓地不同，与其他墓地的充斥着阴冷的气息相比，快乐墓地是一片淡然闲适的氛围。

❷ 通过对碑身上逝者生前画面的描述，形象地交代了他们的职业、生活背景。没有压抑的氛围，让人感到轻松与释然。

死于车祸，一问翻译，正是如此。有些墓碑，在十字架的中心位置还嵌上了死者的照片，或平静或微笑地望着这个他们业已离别的世界，给人一种恍惚的感觉。

画面下的文字，都是模拟死者口气，用第一人称写下的。行程匆促，我们所看到的有限，但都一反痛悼、哀伤、凝重的气氛，而代之以一种欢快的、有时是调侃的口吻。有一块墓穴，主人是一位名叫伊利耶的老人，墓碑画面上他身穿民族服装，精神抖擞地跳舞，当地两位著名的兄弟歌手在为其伴奏。①碑文这样写道："村中我最老，生平喜舞蹈……我能活到96，祝你活得比我老。"诗句幽默诙谐，老人生前一定是个乐天开朗的人。

这真是一次崭新的体验。墓地，在最好的情形下，也是浸透着伤感、悲痛和悼念，是魂催魄伤之所。即便贵为帝王，为了死后能够延续生前的显赫荣华，陵墓建造得富丽堂皇，也依然掩不住沦肌浃髓[1]的肃杀萧瑟。②不论是南京明孝陵墓穴，还是北京十三陵地宫，带给人的感受都是潮湿阴冷，凄凉黯淡。就连艺术也不能改变这种深重的底色。③俄罗斯画家列维坦的那幅著名的《墓地上空》，全景式的、气势恢宏的画面

❶ 通过碑文上老人生前诙谐的话语，形象地展现出老人生前乐观风趣的形象，渲染一种乐观开朗的氛围。

❷ 通过列举南京明孝陵以及北京十三陵墓地给人阴冷黯淡的感觉，与快乐墓地形成对比，突显出快乐墓地淡然坦荡的氛围与众不同。

❸ 通过对俄罗斯画家列维坦的作品《墓地上空》中画面的详细描述，表明哪怕是高明的画家也难以隐藏墓地凄凉的氛围，更加突显出快乐墓地坦然氛围的与众不同。

[1] 沦肌浃髓：沦肌，透入肌肉；浃髓，深入骨髓。形象地表现出帝王陵寝深入骨髓的萧瑟气息。

下方一角处，是一方破败的墓地，几个十字架或歪斜趔趄[1]，或干脆偃卧在地上，气氛死寂凄凉，烘托的是人世的渺小，人生的无助。更何况，墓地还常常笼罩着晦气的、不祥的氛围，是许多邪恶事物的发生地或背景。远的如孩提时候听到的鬼故事，近的如当前影视片中许多鬼祟气十足的场面，墓地出现时，总是和阴森、恐怖、阴谋、恶意等连在一起。一句话，墓地不论是具体的真实的存在，还是作为一个意象、一种修辞，都是蓬勃欢乐的生命的反面，意味着死亡对美和生命权利的剥夺和虚无化。然而在这里，在快乐墓地，映现在我们眼前的，却是大相迥异的一幕。我们丝毫感受不到身后世界的令人不快的消息，被消解掉的，是所有那些臆想的、自我恐吓的情景和情绪，甚至生者对死者的怜悯——他们已经通过豪迈爽朗的画面和文字，表明他们不需要怜悯。相反，大加张扬的是现世生活中的美好，以及由此而产生的缕缕留恋。① 你不由得会想，这些画面，在生平写照之外，更是死者对生者的殷切寄语，仿佛在说：活着的人们，珍惜生活吧。我们在这边等待着你们到来时，带来曾经真实地、充实地生活过的好消息。我们曾经那样热爱它们，你们也不要辜负上天的馈赠呵。

❶ 想象，由碑文的画面和语言，想象这是逝者对人们的殷切寄语，希望人们能够更加珍惜现在的生活，表明快乐墓地启示着人们死亡终会到来，我们要把握好现在的时光，启示人们热爱现在的生活，活出属于自己的美好故事。

---

[1] 趔趄：身体歪斜，脚步不稳。

❶ 承接上文，表明快乐墓地真是因为其独特的轻松氛围和坦然乐观的碑文画面，充斥着乐观的态度而得名，可谓名副其实。

[①] 看来，将此处命名为“快乐墓地”，的确是名实相符。在数不胜数的墓地陵园中，它无疑是一个异数。早已化为骸骨的亡灵们，在九泉之下，在阻隔阴阳的那堵看不见的墙壁之后，还在赞美生命的快乐。它将死亡映衬得衰弱无力至少成为一种当其降临时可以坦然领受的状态。所有这些，和我们观念中的死亡，以及与之有关的种种，产生了巨大的对比，为我们提供了一种全新的认识。

❷ 引用《论语》中的句子，具体说明以前人们通常都觉得活着的道理尚且不明白，又怎么能知道死的呢，故而人们常常被死亡的恐惧所笼罩，不愿提及死亡，畏惧和回避死亡。

不论东方西方，从来“生死事大”。远的不说，单单这个说法本身就足以佐证——将一瞬间完成的死亡，同整个漫长而复杂的生存相提并论，足以表明死亡在人们心中的位置。[②] 人们被本能的恐惧牢牢控制住，不敢正视它，连睿智如孔夫子者，都以一句“未知生，焉知死”轻轻带过。这实际是一种躲避，以所谓实用理性的借口，掩盖无力破解的尴尬支绌。但回避躲闪并不能使对象不复存在，它暗灰色的影子反而变得越来越大，黑黢黢一片，最终似乎拥有了巨大的体积和重量，令人心悸的品质，无法想象的威力。人的胆量、心智都无法承受、进入，更谈不上剖析和厘清。

然而在这里，却分明显现着另一种解读。生与死的判然分明的鸿沟不复存在，死亡成了生的一种转化形式。两者之间不是尖锐突兀的对立，而呈现为一种很自然的，甚至可以说是十分流畅的接续。当然，没有一块墓碑上的文字是这样写的，但你却能够从墓地的气氛中体验到这点，那种弥漫氤氲的安详、恬静，便是最好的注释。死者好像是跨过一道肉眼看不见的界标，到另一个地方休息去了。没有呼天抢地的抱怨，没有牵肠挂肚的系念，那情形仿佛也是在这样的一个午后，去不远的邻居家聊天，一去，就永远留在了那边。

①原来死亡并不总是幽暗、凄清、孤寂，它也可以透射出这样的色调：温暖、慵懒、安详。那么，这也就等于说，死亡并没有原本的、固定的面貌，而取决于每个人如何描绘。

❶ 过渡段，承接上文，人们对死亡的认识不同，如何看待死亡由每个人自己决定，引出下文对快乐墓地碑文设计的相关描述，对当地人们对待死亡看法的叙述。

这些墓碑最早的设计者，是村民斯坦扬·珀特拉什，有 200 多个墓碑出自其手，最早的一块竖立于 1913 年。这样的墓地，据说在罗马尼亚全境中独一无二，仅凭这点，就堪称是对民族民间文化艺术做出的巨大贡献。未能找到有关这位民间艺术家的更多资料，但我猜想他必定是个乐观而睿智的人，对于生和死有深刻的、独到的理解。如果向更深层的背景探测，这也许与民族性有关。作为征服者罗马人和当地民族达契亚人混血的后代，罗马尼亚人具备鲜明的拉丁民族的特性，风趣、浪漫、乐观。他们认识到死亡的不可避免，而以豁达的心态来对待和迎接它。②这如果按中国古人

❷ 引用《庄子·人间世》中的语句，表明古人也曾意识到人生中的不幸是必然的，我们应该坦然接受。启示人们学会坦然地接受死亡，并乐观豁达地对待它。

的说法，该是“知其不可奈何而安之若命”。艺术家通过个人的努力和追求，将这种精神特质发掘出来，表现出来，在写照了民族特性的同时，也为自己赢得了不朽的名声。

❶ 环境描写，通过墓碑上白云留下的阴影以及飘过后灿烂的环境，暗指人们对生死的不同态度，表明当人们能够意识到死是必将到来的事并坦然接受后，人们便会更加珍惜以后的生活，努力寻找生活中的美景，更加热爱生活。

① 一朵巨大的白云飘过，将影子投在墓碑上，造成弯曲的、明暗相谐的荫翳。但云朵很快飘过，墓地又是一片灿烂。

这些有关死亡的感悟，最终还是指向和作用于此岸的生存。我想，至少对一些人，这样的心灵嬗变[1]是可能发生的：本来一直是怀抱一种忐忑的隐忧，等待必将降临的死亡，尽管这种担忧并非经常袭扰，但它每次浮现在意识中时，总像是晴朗天空中飘来的一片阴霾。如今却忽然发现，死亡原来一点也不可怕，想象中那副狰狞的面容原本只是心造的幻影。他于是长吁一口气，内心深处的郁积消融殆尽。从此，他会以一种坦然超然的心境，过好他的每一天，不再担心那最后的日子。② 哪天它来了，很好，跟着走就是了，就像陶渊明的诗句，“纵浪大化中，不忧亦不惧”。不止一次从报刊中读到过，那些曾与死神觌面而挣脱回来的人，都变得更热爱生活，对死亡无所畏惧，那该是一种与此处的精神相通相洽的灵魂体验。那么，虽

❷ 引用魏晋诗人陶渊明《形影神三首》中的诗句，表明当人们拥有广阔的视野和超然的心态后，纵使生死也可以坦然面对。

[1] 嬗变：演变；衰变。

然是匆匆过客，我们不是也应该抓取些感悟，携带回去，以引导今后的日子？在生死意义的标尺丈量下，地理上的相隔万里，充其量只等同于一个纳米。离开之前，我以墓地一角为背景，请同行者拍照留念。我头顶的上方，是一株繁茂的苹果树，树冠如伞，枝叶间无数成熟的果子垂垂累累，金黄火红，光彩闪烁。

延伸思考

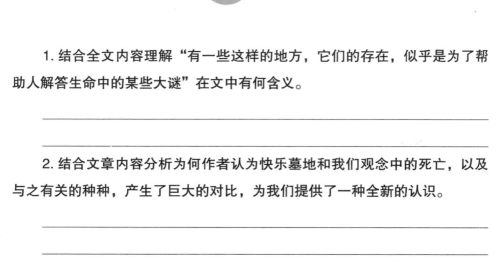

1. 结合全文内容理解“有一些这样的地方，它们的存在，似乎是为了帮助人解答生命中的某些大谜”在文中有何含义。

____

____

2. 结合文章内容分析为何作者认为快乐墓地和我们观念中的死亡，以及与之有关的种种，产生了巨大的对比，为我们提供了一种全新的认识。

____

____

流泪的阅读

名师导读

《流泪的阅读》是作者针对如今书籍能够引起读者共鸣的现象已经寥若晨星的深度思考。文章呼吁人们创作和阅读作品时重视语言的感染力，创作内容时要充满感情，这样作品才能引起读者共鸣。雨果曾说过：“人类所需要的，是富有启发性的养料。而阅读，则正是这种养料。”书籍伴随着我们一生的成长，是造就灵魂的工具。当作品中充满感情，泪水会使灵魂飞升。回溯过往，让我们一同回忆那些曾经使人流泪的阅读。

---

❶ 提出疑问，不知什么时候起我们在阅读时便很少流泪，引起读者好奇，总领全文，引出下文对那些让我们流泪的阅读的相关回忆。

① 从什么时候起，我们在阅读作品时，疏远了甚至隔绝了泪水？

我记得那些曾经与眼泪伴随的阅读。为杜甫的《三吏》与《三别》，为窦娥感天动地的冤屈，为《祝福》

中祥林嫂的不幸命运，为陀思妥耶夫斯基的众多被侮辱与被损害的人，为契诃夫笔下满腔痛苦无处诉说只能讲给马听的马车夫，也为那个在鞋店作学徒的可怜的孤儿万卡——他将一封写着“乡下爷爷收”的信投进邮箱，天真地盼望着爷爷会来接他……不久前，为女儿读《卖火柴的小女孩》，念到最后，小女孩冻死前在火柴的光焰中看到死去的祖母时，女儿惊异地问：“爸爸，你怎么哭了？”

我欣慰于久违的泪水。它让我获得一种对于自身的确证，使我知道，内心深处的某种东西并没有死去。眼泪天然地与善良和怜悯有关。[①] 土耳其古典诗人玉外纳写道：“当大自然把眼泪赐给人类时，就宣布他们是仁慈的人。心慈是人最美好的品性。”华兹华斯的一句话，则进一步标举了一个写作者应当确立的姿态：“为人类的苦难而落泪是理所当然的。”

❶ 引用土耳其古典诗人玉外纳和英国诗人华兹华斯的话，具体说明泪水是人们天然所拥有的，人们因情感而流泪。

当然，刺激泪腺的并非只有苦难，只有对呻吟的弱者的同情。眼泪更为感动而流淌。[②] 为朱自清笔下父亲穿棉布袍子的笨重的背影，朴素的文字下跳动着至爱亲情；为《红岩》中的英雄群体，他们让人看到，信仰曾经具有抵抗死神的力量；为《安徒生童话》中的海的女儿美人鱼公主，为了获得王子的爱情，不惜牺牲生命；为苏联小说《这里的黎明静悄悄》中那些

❷ 通过列举一系列作品中让人不禁潸然泪下的故事，具体说明眼泪因感动而流淌时显得更加弥足珍贵。

年轻女兵，用柔弱的身躯抗击侵略者，花朵般的生命殒落在德寇的枪口下；也为美国犹太作家辛格笔下的吉姆佩尔，受尽欺骗嘲弄，被人们称为傻瓜，但他始终不渝地相信“好人靠信念生活”，以自己一生的善良、忠诚、以德报怨，映衬出世人精明乖巧后面的愚蠢堕落，强烈的反讽效果震撼人心……他们体现了作为人的尊严，显示了爱与献身的价值，标举了正当生活应该遵循的原则，让人仰望。眼眶湿润时，我们也分明听到了灵魂对自我的激励。

❶ 过渡段，表明如今的作品中很少有能够引起读者情感共鸣的，引出下文对这种现象出现的原因加以思索的阐释。

① 然而在如今的作品中，能够这样打动我们的，寥若晨星。

我不相信从外部寻找原因的种种说辞。不在于高科技时代新的艺术手段颠覆了传统的文学阅读，也不在于纷繁膨胀的信息壅塞[1]了人的感受能力。这些都不是最重要的。人的进化是以万年为单位的，人性的历史比科技久远而坚固。为亲人故去哭泣，为年华易逝怅惋，为爱情而迷醉，或者辗转不眠，这些情感表现，无论是在遥远的《诗经》《楚辞》的年月，还是在即将到来的基因时代，不会有太大区别。

❷ 总领下文，交代如今作品很少能够打动人是因为作品中缺乏情感力量，引出下文对作品中缺乏情感力量缘由的叙述。

② 最简单也最合理的解释是，当今的作品中缺乏情感力量。什么都有，唯独心灵缺席。以客观超然的姿态，

[1] 壅塞：堵塞不通。

不动声色地从事所谓零度写作，已经成了今天的美学时尚。作家们谦逊地声称作品是写来自娱的，声明并不奢望打动读者，有意回避感动，而热衷于表达世俗的、琐碎的感情纠葛和情操。① 他们可以不吝笔墨地写疯狂、变态、乖戾、神经质，描绘种种情感的深渊和暗处，却小心翼翼地提防着写到感动，似乎那样做是幼稚的。躲避虚假的崇高也就罢了，我们曾受过它的愚弄，但连真正的、朴实的感动也要躲避，对真实的人性光辉视而不见，这就很不应该。其实质便是主体关怀的缺失，精神境界的平庸和暧昧。这种意识之下产生的作品，可以有繁复精巧的结构，幽微纤细的感觉，层出不穷的形式感，复杂艰难的技巧，然而缺少一样东西——感动。于是我们只能和泪水隔绝了。

❶ 表明如今的作家们本可以将令人感动的情感添加到作品中，但他们却选择了回避，反而用笔墨大肆描写情感的深渊与暗处，反映出其精神的平庸，作品中人文关怀的缺失。

当然明白，情感只是文学诸种功能中的一种，而眼泪也只是情感反应方式之一。② 不能指望读博尔赫斯会泪流满面，他的作品体现出一种卓异的洞察，时间循环无限，命运仿佛迷宫，阅读的愉悦来自智慧的被充分调遣，来破解一个大谜。在卡夫卡的世界中，甲虫、地洞、城堡，都和绝对的灾难紧密相连。它们唤起了惊骇、恐怖、绝望，都是比流泪更严重的体验。雨果说：“比天空更浩瀚的是人心。”对于这个宇宙的每一律动，有理由加以充分的、多方面的捕捉和描绘，

❷ 引用博尔赫斯作品的内容以及雨果的名言，说明人们情感的丰富，除了流泪，情感的表达方式还有许多。

也因此才造就了文学的浩瀚。但就其本质而言，情感却始终是最重要的，一部使人落泪的作品，该是比其他种种尺度的评判更可信赖。对每篇作品都提出这种要求，既偏狭又不现实，然而在当今巨量刊登的作品中，如果这样的篇章连最基本的比例都不具备，那我们应该检讨反省一番了。形形色色的苦难和伤害依然存在，不只是贫穷，还有冷漠，隔膜，不公，最广泛意义上的人的异化，它们并不因为物质时代的来临而消失，顶多变换一种存在方式。而同时，为正义和荣誉而牺牲，为爱而献身，种种可歌可泣的情操和事迹，也依然像过往的许多个世纪一样。呼唤泪水和感动——这是超越时间的人性的要求，不过在今天它们格外短缺，需要特别强调才是。

❶ 通过对泪水的定义，指出泪水有多层次的含义，表明泪水中隐藏着人们丰富的感情，同时更是灵魂的表达方式。

因为泪水代表一个向度。① 泪水发源自人性中最深沉、柔软的部分，是对人生苦难最强烈的感知和怜悯，是对世界的残缺和不公的刻骨铭心的感觉，也是对至善至美境界的向往，是爱的无声的语言。正是它，准确地说正是产生泪水的那类灵魂的性质，在默默地同时也是坚韧地抵御和掣肘[1]恶意、伤害和残酷，维持了最基本的人性秩序。它飘洒的疆域，在希望和绝望、罪孽与德行、最深沉的爱和最强烈的恨……总之，在

[1] 掣肘：拉住胳膊，比喻阻挠别人做事。

情感的两极之间。这个范围是那么宽广深厚，简直就是整个生活。不能想象，一部用心血写就的作品里没有它的踪迹，更不能想象一个真正的艺术家会漠不关心。它是灵魂自然的分泌。① 在散文《想北平》的结尾，老舍写道："好，不再说了吧；要流泪了，真想念北平呀！"这句简单的话里，却蕴藏了产生这一生理—心理现象的丰富的密码，远远超出其字面的含义。

❶ 引用老舍《想北平》中的内容，说明泪水中隐藏着老舍对北平说不尽的话语，灵魂中浓浓的思念。表明泪水不只是身体和情感的表达，更是灵魂的表述。

泪水在流淌……流泪实际上是一种能力，是我们的灵魂仍然能够感动的标志。不应该为流泪羞怯，相反，要感到高兴欣慰。古典悲剧正是通过使观众流泪，达到净化其灵魂的目的。由此也不妨说，眼泪也是一种尺度，据此正可以检测一颗灵魂的质地。对于作品和作者，读者的泪水是表达敬意的最好方式，而对读者本身，也是一种自我的确证，表明他依旧拥有质朴健全的人性。在使人流泪的作品和流泪的读者之间，展现的是健康的精神生态。② 老托尔斯泰在听到柴可夫斯基的《如歌的行板》时，感动得热泪盈眶，想想这样的事情，胸怀会明净许多。泪水和神性之间，是天然的结盟。泪水的匮乏，在极端的意义上，也便意味着灵魂的缺席。

❷ 引用老托尔斯泰在听到柴可夫斯基《如歌的行板》时落泪的事例，表明泪水体现着读者与作品中灵魂的共鸣。

必须激发、培养和存储我们内心的感动的能量，像水库蓄水一样。对作家，这是无法推诿的职责，其

❶ 引用鲁迅先生的名言，具体说明创作源于爱，作品中充满感情，会让读者产生灵魂的共鸣，眼泪便是作品充满感情的最极端且直接的证明方式。

重要性远远高于技艺，甚至智慧都应受到它的导引。只有本身是满盈的，才能够施予。①鲁迅说过“创作原本根植于爱”，而眼泪正是一种极端的证明方式。让泪水充满作品吧，灵魂会因之而飞升。

延伸思考

1 那些让人们流泪的阅读具有哪些特点？

______

______

2. 请结合文章内容，谈谈为什么说“如今的作品中，能够这样打动我们的，寥若晨星”。

______

______

目光里的松阳[1]

名师导读

《松阳县志》有云："广谷大川，足征灵淑，名山伟泽，壮观东南。"松阳自然环境的壮阔与美丽自古便得到认证。宋代松阳状元沈晦曾称赞"惟此桃花源，四塞无他虞"，这是对松阳环境的描绘。《目光里的松阳》是作者游览松阳后以自己的视角描绘松阳自然人文景象的散文，文中展现了松阳景色的优美宜人，当地保护性的人文开发使人耳目一新，松阳因此充满人与自然和谐共处的气息，引得作者目不转睛，流连忘返。

在这样的地方，适宜于将眼睛想象成一部摄像机。①目光的收放，仿佛镜头的伸缩，将不同距离的目标，一一捕捉和摄录。

❶ 运用比喻的修辞手法，将目光的收放比作镜头的伸缩，生动形象地表明随着焦距的不同，人们看到的景色也会有所不同。

[1] 本篇被节选入 2021—2022 学年广东省茂名市电白区八年级（下）期末语文试卷，见本书第三辑。

此刻，从站立的地方望去，对面几百米开外，是一处宽展的山坳，仿佛张开的臂膀。一幢幢古旧的房屋，沿着山坡的自然形态，由低处往高处，一级级地伸延开来。两排相邻的房屋之间，高低落差两到三米。而整个建筑群的高度，目测在两百米左右。这种层级排列的特点，使得每一排房屋的墙面大部分都袒露着，少有遮挡，相互间拼接成了一个层层叠叠的巨大的建筑外立面。墙面原本用白粉刷成，但经过数百年的风雨剥蚀，大半已经脱落，袒露出黄土的坚实墙体，色调温暖。一排排黑色扣瓦的屋脊，以平行的姿态排列着，分割开了这个巨大的土黄色块。黄黑色调的配搭，使得画面构图既灵动又凝重。

这是杨家堂村，一个阶梯式古村落。

几个小时后，视野中出现了另一个村庄。这次要更远些，是从位于半山腰处的山路旁俯瞰，目标距离当在一千米以外。[1]整个村子三面被山峦紧紧环抱，仿佛端坐在一把太师椅上。大朵的白云静静地悬挂在村庄上方，映照着蓝得透亮的天空。距目光最近的地方，是进入村口的小路，旁边有一眼方方正正的水塘，碧绿的水面上有几只白鹅游弋。目光向右后方向挪移，在另一条进村的小路旁，有三棵粗壮茂盛的古松树，一字形排开，高高挺立在一片青黑色的屋顶之上。

❶ 作者将山峦三面环抱着村庄比作一把太师椅，形象地展现出西田村三山环绕的壮丽景象。

这是西田村，一个台地式古村落。

如果说上面两处分别是中观和远观，那么接下来显然应该说到近观了。

这一次视觉的盛宴发生在第二天。目光和目标间的距离，骤然间缩短到只有三五米，甚至更少。这是一个一万多平方米的院落，由前、中、后院及家祠、宗祠、花园等构成。由祖孙三代陆续建造，自清代同治年间开始，到20世纪20年代年间完成。雕梁画栋，美不胜收。①尤其是分布于各处的众多木雕，技艺精湛，令人惊叹。由鸟兽鱼虫、植物花卉衍生出了众多题材，喜鹊登梅、灵猴献寿、岁寒三友等，尽皆栩栩如生，出神入化。

❶ 通过列举木雕的丰富形态，充分说明黄家大院中木雕的精美，栩栩如生，展示了当地人雕刻技艺的高超精湛。

这是黄家大院，一个美轮美奂的古典庄园。

…………

令我的目光牢牢地羁留[1]的这些场景和画面，属于同一个地方：松阳。浙江丽水市下辖的一个县，位于浙西南绵延邈远的群山中。

②“按节下松阳，清江响铙吹。”唐代大诗人王维的诗句，吟咏的是松阴溪，松阳的母亲河。这条河自西至东贯穿县境，流入瓯江。诗人送友人来松阳任职，在他的想象中，这里江水流溅时发出清越的声响，有着某种鼓乐的音律。这样的诗句，一下子给想象注入了一种悠

❷ 引用唐代诗人王维《送缙云苗太守》中的诗句，村头的松阴溪汩汩流淌，不绝的溪水声在大地上回响，给松阳注入了一种悠久厚重的历史感。

[1] 羁留：长期停留；拘押。

远浑茫的历史感。的确如此，远在东汉建安年代，这里就设立了松阳县，迄今已经历了1800年的时光。

虽然历史久远，但在大多数时间内，它鲜为人知。这首先是因为地处偏僻。交通不便，信息闭塞，以及相伴生的贫穷落后等，注定了难以有更多的目光投向这里。不过这倒也并非全是坏事，所谓祸福相依。过去漫长的农耕时代，这样的地方容易躲过兵燹战乱。今天，经济建设大潮裹挟一切地域，但偏僻的地方与通衢大邑和沿海经济发达地区相比，因为硬件条件的不足，往往要慢上几个节拍，滞后若干年。这种时间差，从好的方面讲，就是可以借鉴发达地区在发展中的教训，不走或少走弯路，不用交付巨额的“学费”。

松阳印证了这一点。僻远的地理位置，让松阳有幸保存下了众多的古村落，也保存下了一个良好的生态环境。这就使它具有了后发优势。

这种优势，既是自然的，也是人文的。

① 作为一个生动的比喻，“天下没有不散的宴席”已是耳熟能详，但对于一个外来人，松阳的山水自然，就是一道永远不会撤席的目光的盛宴，只是随着季节和时辰，不断变换着内容。短暂的几天中，感官积攒下了丰富的印象，足够在此后很长时间里反复回味。② 这里，蓝天白云是天空的常态，阳光穿过透明的空

❶ 运用引用和比喻的修辞手法，表明松阳的风景对于游人来说，虽然会离开但永远留存在记忆中。将松阳的风景比作永不会撤席的盛宴，四季都是风景，生动形象地表明松阳四季景色的优美，各有千秋，让人沉醉其中不忍分别。

❷ 环境描写，通过对松阳鸟语花香充满生机的世外桃源般的自然风光的描绘，形象地展现出松阳如画般的美丽，渲染一种惬意闲适的氛围。

气倾斜下来，树叶仿佛被擦拭过，熠熠闪光。澄澈清亮的溪水，舒缓而辽阔的茶园，桂花树浓郁的香味，夜晚窗外的蛙声，黎明时分的鸟啼，都让我们一行来自不同的大都市的旅行者，有一种超出期待、何其奢侈的感觉。由于水量丰沛，云雾缭绕的景色随时可见，行走山水间，恍惚置身于一幅立体的水墨画长卷之中。

更为可贵的是，在这巨幅山水之间，保留了一百多座格局完整的传统村落，其中不乏国家级、省级的重点保护对象。这些村落散布在“八山一水一分田”的县境内各处，依据当地地形的不同，呈现为阶梯式、平谷式、傍水式等各种样貌。不过对于眼睛来说，尽管目标姿态各异，却可以用一个成语来概括：目不暇接。

①每一个村子都体现了与自然的紧密融合，或以青山为倚靠，或以绿水为襟带，或仰接峰巅，或俯瞰幽谷，山环水绕，林木蓊郁[1]。走进村头，或者是一道溪流，自山上淌流下来的溪水汩汩有声，清澈见底；或者有一棵高大粗壮的古树，甚至几棵合抱，伸展的树冠遮住了一大片地面。再向里面走，村中巷弄弯曲幽深，脚步在块石和卵石铺就的小径上敲打出声韵，石径的边沿和墙脚交界处，覆盖了一层湿滑的绿苔。

❶ 运用整句，表明每个村庄都是人与自然和谐相融的真实写照，语言典雅又不失气势。

[1] 蓊郁：形容草木茂盛。形象地表明松阳林木茂盛充满生机。

从外观看，这里的建筑融合了浙闽徽三地的风格，夯土的泥墙立面，拱形屋顶上的青瓦，高低起伏的马头墙，经过数百年的风雨侵蚀，多已漶漫残缺，诉说着岁月的沧桑。推开一扇老旧的门板走进老宅，廊道曲折，天井萦回，地面的方砖大半已经龟裂，纹路纷乱。①瓦檐下，窗棂旁，屋梁侧，柱础上，到处可见石雕、木雕或彩绘，多取材于神话传说或传统典籍，八仙过海、麒麟献瑞、松下问童子、鲤鱼跳龙门……刀法精致、细腻、生动，有祝寿的寓意，有教化的作用，本身也是精美的艺术品。

❶ 通过列举松阳随处可见的做工精细栩栩如生又富有寓意的石雕，形象地展现出松阳建筑的精美，雕刻技艺的精湛。

村子里巷弄纵横交织，幽深曲折。在错落的老宅之间，分布着宗祠、庙宇、米碓、水井、水槽、神龛、晒谷坛……②一些在别处早已经消亡的农业时代的典型建筑和器具，在这里却完好地保留着，仿佛一位历经沧桑的耄耋老者，以从容安详的姿态，淡然地面对外界的纷乱扰攘，兴衰更替。

❷ 运用比喻的修辞手法，将农业时代经典的建筑与器具比作历经沧桑的老者，生动形象地表现出松阳历史底蕴的深厚，暗示松阳地域偏僻，方使得历史的痕迹得以留存至今。

九月下旬的江南，仍然十分炎热，走不多久就一身汗。速度天然是不适合这里的，需要放慢脚步，放松呼吸，让目光缓缓地摩挲视野中的一切，一如时光亘古以来在此处缓缓地流淌。③坐在百年香樟树的浓荫下，喝一杯用多种草药配制的当地传统的“端午茶”，听着松风时作，溪水潺潺，有一种沁入骨髓的深长的惬意。

❸ 动作描写，通过作者喝茶，听风赏景的动作，展现出作者当时惬意的状态，流露出作者对这种闲适惬意生活的喜爱与向往。

这些老屋旧宅及附属的各种建筑所构成的村落，堪称是中国传统乡土建筑群完好保存的样本，而建筑从来是文化的重要组成部分和最为具象化的存在。无论是一座屋宇，一进院落，还是一口藻井，一扇窗棂，整体和局部，大处和细节，处处都弥漫着传统美学的韵味和情致。

但它们显然并非独独属于审美的，虽然目光最初感知到的正是这一点。在美的种种样貌形态背后，它们还有着更为丰厚的蕴含，承载了十分广阔的功能。譬如“耕读传家”，是数千年的农耕社会所尊崇敬奉的价值，一代代地被传承着。①这几个字被刻写在无数古宅老院的匾额上，如果是以对联形式张贴镌刻于楹柱上，就扩展成了“耕读传家久，诗书继世长”。在这样的环境中长大的孩子们，每天进出门口时，抬眼所见都是这些字句，耳濡目染中，如何不受到熏陶？传统文化价值观就是以这样具体可感的方式，渗融进了一代代人的灵魂。②前面写到的杨家堂村，一个只有三百来人的小村子，是明代开国第一文臣宋濂后裔聚居地，文风昌盛，绵延不衰，近代以来从这里走出的教授级别的专家学者就有五十多人，在众多领域都取得了丰硕成果。

…………

正是因为如此，松阳享有了“最后的江南秘境”“古

❶ 引用家规家训中的内容，具体说明松阳的文化代代相传，匾额上的话语寄寓着长辈们对后世子孙的谆谆教诲与殷切的期望，是文化的传承。

❷ 通过列举杨家堂村从明代至今培养出众多人才，在众多领域都有所建树，表明松阳人民耳濡目染受到文化的熏陶，更加懂得读书的可贵，说明当地人将松阳数千年的文化代代传承了下来。

典中国的完美标本”的美誉，在典籍文献之外，为祖先们数千年来所栖身的家园，为一种悠久而充满魅力的生活方式,保留下了鲜活生动、具体可感的形态样貌。

现代化浪潮席卷之处，一应城市乡村都无所逃遁。目光所及，到处都是所谓标准化、时尚化因而也是高度雷同化的环境和生活。喧嚣和躁动，忙乱和焦虑，速度和效益……织就了一张无形的巨网，让人们灵性窒息，疲惫不堪。相形之下，这里幽静古雅的氛围，舒缓从容的节奏，便越发显得可贵。①仿佛是上天的特意安排，在遥远宁静的群山之间，安放一种美好，为了让人们真切地领悟，什么才是诗意的生存。

而这里的人们，也的确没有辜负上苍的这一种厚意。

记忆闪回。抵达松阳县城的第一天，晚饭后，我们一行走到老城区的西屏街上。②这是一条明清老街，长约两公里，较为完好地保存了当年的样子，青石板的街路两旁，鳞次栉比地排列着下店上宅式的二层木结构店铺，有铁匠铺、金银铺、炭烛铺、锡箔铺、草药店、裁缝铺、棕床店、剃头店、制秤店、拉面店、酥饼店……不下几十家店铺，堪称一个古老集市的完整标本。单单是一个铁匠铺，就摆放着菜刀、镰刀、柴刀、刨刀、锅铲、锄头、斧头、镐头等多种铁器，很多都是我告别在农村生活的童年后再也没有看到过

❶ 将松阳自然形成的环境比作上天的安排，藏于群山之间，因而成功避过外界的干扰，留下了自然的美好，形象地表达了作者对于松阳可以保存至今不受外界干扰，保存着诗意生活的欣喜与珍重。

❷ 插叙，丰富文章的内容，通过列举松阳县城中的各种老器物，具体说明松阳进行着保护性的开发，致力于保护好当地的自然人文气息，这样的松阳充斥着厚重的历史感。

的。盯着这些器物，仿佛看到了一条时光的纽带，绾结起了漫长的岁月。

这样的老街，在不少城市中，或者被野蛮拆除，或者把原来的住户迁走，经过一番修葺变成了旅游参观的项目，居住生活的功能却被剥离了。松阳的做法完全不同。当地政府秉持了一种“活态传承”的理念，不但让老街的原住民安心住下去，也鼓励来此赁房做生意的商人以店为家。① 在保持老街的空间风貌及建筑外立面传统风格的前提下，进行了现代化的设施改建，大大提升了居住舒适度。房子住了人，便有了鲜活的生命气息。传统生活方式的浓郁气息，也就十分自然地氤氲弥漫开来。

❶ 通过对松阳现代化过程中维护和保留历史建筑风格的举动，表明松阳在进行着保护性开发，努力将现代生活与历史文化结合起来，与自然相融，进行一种“活态传承”。

随后几天的行旅中，所见所闻，无不在增强和深化这种感受。它们尤其体现在数十个传统村落的再造上。从政府主导的“拯救老屋行动”“田园松阳”计划，到民间自发的各种行动，都强调对古村落保护的完整性和原真性。通过政策扶持，让原住户将老旧的房屋改建成对外营业的民宿，通过生态农业、休闲度假、文化旅游等方式，充分展现松阳的山水人文之美。

譬如四都乡平田村。从这个位于半山腰处的村子向四处眺望，目光被几座舒缓绵亘的山峰遮挡。② 一位经商致富的本地人，向村民租了 28 幢老屋，在政府

❷ 通过四都乡平田村商业化改造的例子，充分说明传统与现代在这里结合得很好。

支持下，请来清华、哈佛的专家进行设计，改建成不同档次的民宿，因为品位不俗，知名度迅速提高，吸引了大批的游客。

其中一处名为“云上平田”的多功能综合民宿项目，让我们大开眼界。① 这里有茶吧、咖啡吧，坐在宽敞的露台上，可以远望峰峦之上云起云落，近观飞鸟从树梢间一掠而过；一间农耕展览馆，陈列着各种农具，让人恍若回到了在田野间奔跑追逐的童年时光；一间艺术家工作室，可以体验蜡染丝绸围巾的制作过程；一间多功能会议室，摆放着现代化的音响设备。伴随着大屏幕上播放出的自拍影像，一位朴实开朗、充满活力的姑娘，介绍她如何辞去在杭州的工作，来这里创业，见证了从耕耘到收获的整个艰辛而又快乐的过程。

❶ 环境描写，通过对“云上平田”民宿内部的具体格局介绍，表明当地的开发本着现代与自然交融的原则，维护着当地诗意的环境，保护并传承着历史文化。

重要的是这里保存了乡间生活的原味。房屋的梁架门窗廊道，都依照原来的格局走向改建；木器未经油漆，袒露着天然的色泽和纹路。在各层的房间里，从不同方位的每一个窗口望出去，都是一帧画面：一堵斑驳的老墙，一个逼仄的天井，一池静谧的绿水，一株葳蕤[1]的芭蕉，一片亮蓝的天空，一抹绵延的青黛色峰峦……

[1] 葳蕤：草木茂盛的样子。

①置身这样的地方，不由得会想到那一句广为流传的话——

“望得见山，看得见水，记得住乡愁。”

目光做证。在松阳的大地上，这已经是一个生动确凿的事实。

❶ 引用2013年在北京举行的中央城镇化工作会议中的内容，说明松阳的开发本着保护环境的原则进行，这样诗意的生活很难不让在外的游子挂念乡土，流露出作者对当地深深的喜爱之情。

延伸思考

1. 文章以“我”的视角展开，这样写有何好处？

2. 结合全文内容，概括松阳的多重魅力。

3. 松阳的魅力至今仍得以保存和延续，结合文章内容和生活经验，谈谈你从中获得了哪些启发。

那个冬天我走进地坛

名师导读

怀着对史铁生先生的一种怀念与致敬，作者在地坛中探寻史铁生心路历程转变的过程，感悟生命的真谛，文章感情真挚，充满哲学思考。读史铁生的《我与地坛》，我们能体会到史铁生对母亲的感激与愧疚，体悟到生命的真谛，福祸相依，我们应该努力同挫折抗争，积极进取。正如塞涅卡所言，“生命如同寓言，其价值不在长短，而在内容”。让我们跟着作者的步伐在寒冽的冬日再次走进地坛，一同看看史铁生当年受到启迪的地方。

---

❶ 引用《哈姆雷特》中关于生与死的独白，暗示在《我与地坛》中史铁生对“生与死”这样重大的问题有着独到的理解和体悟。

在读到《我与地坛》前后，我正醉心于阅读朱生豪翻译的《莎士比亚全集》，一位在出版社工作的友人赠送了一套新印本。① 之所以记得这些，是因为读着这篇作品时，我脑海中不由自主地跳出了《哈姆雷特》

中那一句著名的独白——“生存还是死亡？这是一个问题。”

在我当时的感觉中，这句话正可以用来概括《我与地坛》中主人公面对的困境。虽然两部作品的主角——受了欺骗的王子和落魄无助的残疾人——所处的时代、地域及面对的难题有着巨大差异，但当事人那种被逼迫到极限的感受，应该是相近相通的。

《我与地坛》对我的触动是那样强烈。我记得把刊发作品的那一册杂志抓在手里，郑重地摩挲着相关的几个页面。我想到儿童时期的高尔基，每当读到一本喜欢的书，就将书页对着阳光看，以为其中一定藏着感动人的奥秘。

我专门骑车去了一次地坛公园。[①]冬日的寒冽中，我用了半天时间，走过整个公园，每隔一会儿，就要擦拭一下被嘘出的热气弄模糊了的眼镜片。虽然过去也来过，但此次它大不一样了，只因为被史铁生描写过，便仿佛成了一个全新的地方。我寻找作品里描写过的那些场所，想象他的轮椅曾经停在什么位置，哪里是歌唱家练嗓子的地方，那对从中年慢慢地变为老年的夫妻，每天散步时是从哪个门口进入公园。在漫长的日子里，作者史铁生坐在轮椅上，望着面前的空旷和静谧，思考他的苦难和命运，他活着的理由，他可能

❶ 动作描写，通过“我”隔一会便要擦拭下镜片上水汽的动作，形象地表现出地坛公园里冬日的寒冽。

的救赎之路。

对于他，这注定是一个无法摆脱但又必须厘清的纠缠。21 岁那年，命运就判决他下肢瘫痪，只能终身坐在轮椅上，死亡之日才是解脱之时。[①]时时刻刻，他体验着一种面临绝境的、即将被吞噬的感觉，仿佛一只脚踏在悬崖边缘松动的碎石上，仿佛面对剃刀寒光闪闪的锋刃。

❶ 运用比喻的修辞手法，将史铁生当时面临绝境的状态比作一只脚踏在悬崖边的碎石上、直面剃刀锋利的刀刃，生动形象地表现出史铁生当时身体残疾，命运坎坷的绝望状态。

史铁生的最初反应，与处于类似境遇的其他人没有什么不同，那就是对命运不公的抱怨甚至是愤怒：凭什么是我，来承受这样的苦难？但这样的情绪并无助于改变这一个坚硬的事实。无奈中他只能平静下来，努力让自己思考，试图弄明白一些事情。时间并未能平复伤痛，但却有助于让他认识伤痛。从那一个一次次与荣誉擦肩而过的长跑者身上，从那一个漂亮但弱智的小姑娘身上，他看到了造物者的不讲道理，看到了偶然性的随意捉弄，看到了苦难的无所不在。[②]他明白了，“看来差别永远是要有的。看来就只好接受苦难——人类的全部剧目需要它，存在的本身需要它”。而由谁来充任这种苦难的角色，谁去体现世间的幸福、骄傲和快乐，实在是没有理由可讲。

❷ 引用史铁生《我与地坛》中的内容，具体说明史铁生通过地坛中的所见所闻有所感悟，学会接纳苦难，因为苦难本身就是人生的一部分。

这个命题同时也还有着一个分蘖[1]：那么，要不要活下去？①也是在长久的思索后，作者领悟出“死是一件无须着急去做的事，是一件无论怎样耽搁也不会错过的事”。这样想过之后，他安心了许多，接下来的问题便是需要思考怎样活了。终于，写作接引了他，成为他每天愿意继续观看晨曦和夕阳的最重要的动机。按照他的说法，“活着不是为了写作，而写作是为了活着”。或者，“只是因为我活着，我才不得不写作”。这是他使自己获得拯救的道路，他花了很长时间才找寻到。

❶ 引用史铁生《我与地坛》中的内容，具体说明史铁生领悟到生死的道理，知道死亡是终会来临的事情，这件事情并不着急，暗示史铁生明白在死亡来临前还有很多有意义的事情等着他去做。

②自此，他沿了这条道路艰难地行走，就像独自摇着轮椅跨过公园里的沟沟坎坎。终于，在走进这个园子十五年之后，他拿出了这一篇《我与地坛》。这是一朵在炼狱的黑暗中开放的花朵，却闪耀着属于天堂的奇异光亮。这一点赋予了它罕见的品质。

❷ 运用比喻的修辞手法，将史铁生写作之路的历程比作独自摇着轮椅在坑洼小道上行进，生动形象地表明史铁生在写作道路上面临着许许多多的困难，这条道路他走得艰难又孤独。

说到底，最终支撑起他残缺的生命的，是一种存在意义感的获得。我想到了奥地利精神病学家、“意义疗法”的创始人维克多·弗兰克的著作《活出意义来》。作为当年纳粹集中营中的一名囚犯，他描述了被关押者们的两种前景——或者死于疾病冻馁，或者最终被

[1] 分蘖：小麦、水稻等在地下或近地面的茎基部发生分枝。文中指命题还有另一个角度或分支。

推进焚尸炉。没有别的选择。每个人都面对同样的境遇，但意识选择的不同将他们分别开来。那些能够始终保持某种目的感的人，从肉体到精神都显得更健旺，甚至挨过了最为艰难的日子。哪怕这种目的是多么渺小，如努力保存下家人的一张合影，设法看一眼囚室外一棵长出新叶的小树。①所以弗兰克反复引用尼采的一句话："懂得'为何'而活的人，差不多'任何'痛苦都忍受得住。"

❶ 引用尼采的名言，充分说明懂得活着意义的人，大多经历过沉重的痛苦。他们找到了自己活下去的意义，更能明白活着的可贵，平静地接受生命中的苦难。

作为写作者的史铁生的卓越，也正是建立在这一点上。他自写作中发现了意义，从而获得了抗衡苦难的力量。残疾促使他思考，思考让他窥见了生存的本质，得以平静地看待和接纳苦难，达成了与自己命运的和解。这是一种窥见命运底牌后的开悟和坦然，绝非肤浅浮泛的乐观主义所能比肩的。

在《我与地坛》中，我们看到了思想的清晰的展开。作品要表达的并不是一个单纯的理念，而是诸多理念的汇聚和纠结。它从某一个逻辑起点迈步，层层递进和深入，剥茧抽丝一般，其中穿插着一位想象中的对话者的质疑和诘问。这一点保证了作品的严整性和公正感，因为这种姿态正是基于对存在之复杂性的深切体认。在这条思想路途的终点，生存的"牢靠的理由"在他面前闪现，日渐明朗，于是生活的重新开展也获得了坚实的基础。

也正是因为这篇《我与地坛》，我开始找出此前他所有发表过的作品来读，也从此关注他此后的所有作品，他在我心目中占有了特殊的位置。事实上，几乎可以说在他的所有作品中，无论是散文、中短篇还是长篇小说，反复思索和表达的都是以生与死、坠落与升腾为内核的一个话题群落，在具体作品中又体现为不同的伸延和变异。而这一篇作品，无疑正是一个承前启后的重要环节。

① 命运给了史铁生一副烂牌，他却将它打得至为出色。

这种感悟并不是仅仅对作者自己才有意义，否则就不会有那样的广泛而强烈的反响。从对自身残疾的思考生发开去，他进一步揭示了残疾是一切生命共同的、本质的困境。它不仅仅限于肢体器官的残缺，而是有着广阔的指向——对于美貌、健壮、聪明而言，丑陋、病弱、愚钝也都是一种残疾，如此等等。② 因此，地坛是他个人的救赎之所，而他从这里获得的觉悟，也将会成为读者寻求自身的超度的一种导引，一个力量之源，尽管他们中的大部分不可能来到这座园林。

《我与地坛》的浓郁而沉静的诗性气质让人叫绝。③ “……要是以这园子里的声响来对应四季呢？那么，

❶ 过渡段，承上启下，承接前文命运让史铁生下肢瘫痪，只能坐在轮椅上，面对人生中最大的困境，史铁生通过思考平静地接纳生活中的苦难，并通过写作获得对抗苦难的力量，展现出他超凡的觉悟与力量，引出下文对他感悟的描述。

❷ 点明地坛对于史铁生的意义，这里给予史铁生生命的救赎，启发他理解生命的意义，是他人生重新开始的地方，更是引导读者探索命运及灵魂的出发点，让人神往。

❸ 引用史铁生《我与地坛》中的内容，通过地坛的地物的变化展现四季的状态，充满生机，语言生动，充满诗意，让人感受到诗意的气息，文学的力量。

春天是祭坛上空飘浮的鸽子的鸽哨，夏天是冗长的蝉歌和杨树叶子哗啦啦地对蝉歌的取笑，秋天是古殿檐头的风铃响，冬天是啄木鸟随意而空旷的啄木声……"作品的整个第三节我曾经熟诵如流，这是其中的一段话，而在此前此后，还有用一连串的排比句式铺陈出的多重比喻，画面鲜明生动，节奏疾徐有度，韵律如诗如歌，让我有理由坚信，这一节堪称是中国文学中的一段华彩乐章。整个作品也是对于文学的本质属性——一种诉诸灵魂的审美的感性力量——最生动的体现和诠释。经由这种方式，它才得以走进广大的人群。这就是文学的魅力，似乎轻柔缥缈而又真切坚实，无足轻重而又至大至刚。

此后多年中，我又去过几次地坛公园。① 最后一次，记得是在一个深秋的黄昏时分，落日的余晖斜洒在祭坛上，黄霭霭一片，遍地飘落的树叶散发着清新而苦涩的气味。② 虽然史铁生已经辞世多年，但他笔端吐露出的文字，却仿佛此刻视野中的光亮一般，无声而广阔地漾荡开去，在一方方灵魂的田亩中流布氤氲。他描写过的这个地方，已然不再是一个单纯的地理处所，而是一个精神的朝圣之地。加持和祝福都在无声地进行着。

因此，甫一问世的那天起，《我与地坛》就不再专

❶ 环境描写，通过对地坛深秋萧瑟环境的描述，展现出地坛此时孤寂清冷的状态，渲染一种悲凉苦涩的氛围，流露出作者对史铁生的怀念之情。

❷ 运用比喻的修辞手法，将史铁生笔下的文字比作视野中的光亮，在灵魂之中闪耀，生动形象地表明史铁生文学作品充满魅力，引起人们深入灵魂的思索。

属于作者史铁生自己了。

这篇作品最早刊发于《上海文学》1990年第1期。这真是一个意味深长的数字，我不愿意看作仅仅是一种巧合。我不知道，它是否预示着20世纪90年代文学开始了对灵魂审视、对命运思考的深入化？[1] 十分确凿的是，作家韩少功敏锐地意识到了它的价值，当时就说过一句大意如此的话：即便整个1990年只有这一篇作品，这一年也是中国文学的丰年。

❶ 引用作家韩少功的话，充分说明《我与地坛》是文学对灵魂的深入审视，也是人们对命运的深刻思考。

三十年过去了。时光印证了他的判断。

延伸思考

1. 作者引用奥地利精神医学家、“意义疗法”的创始人维克多·弗兰克的著作《活出意义来》中内容，有什么作用？

____

____

2. 作者曾多次前往地坛，这样的行为有何含义？

____

____

钱塘江尽到桐庐

名师导读

唐代诗人韦庄在《桐庐县作》中曾提到“钱塘江尽到桐庐，水碧山青画不如”，桐庐位于钱塘江的尽头，这里秀丽天成，风景画卷也只能描绘出其中大致轮廓。散文《钱塘江尽到桐庐》语言朴实，意境丰富，生动地向我们讲述着桐庐闲适淡然的优美风光，朴实惬意的“慢生活”理念深入人心，这样的地方让人神往。让我们一同随着作者了解桐庐究竟是怎样的。

❶ 环境描写，通过桐庐当地随处可见的古诗词的环境描述，形象地表明这里文化的繁荣，游人常常在此写下诗篇，体现出这里环境的优美，渲染一种诗意的氛围。

一

在浙西北桐庐的山水间行走，时常会与吟咏此地风光的古诗词相遇。[1] 在富春江畔的一长排诗碑上，在某家餐馆的墙壁上，在某个古村村口的碑记上，这些清隽的诗句不期然而然地跳进游人的眼帘，为这一方土地上的无边美丽做着生动的脚注。

桐庐境内，峰峦竞秀，江河争流，山与水的交融，营造出一种清幽殊绝的韵致，被誉为“秀丽天成”。它的魅力的源泉，首推当是富春江。① 它仿佛一条银色的玉带，绾接起了两岸的山峦、田野和村落，迤逦连绵，延展成为一幅美不胜收的巨幅山水画卷。

“钱塘江尽到桐庐，水碧山青画不如。”出自晚唐诗人韦庄笔下的诗句，清浅明丽，亲切可人，如同江水带给人的温润熨帖的感受。钱塘江流入桐庐、富阳境内，被称为富春江，这一段江山之美，冠绝天下，尤以桐庐境内为最，赢来题咏无数。② 苏轼这样赞美它:“三吴行尽千山水，犹道桐庐更清美。”而到了陆游，更是触目所及皆堪怜爱，“桐庐处处是新诗”，乃至生出热切的向往，“安得移家常住此”。

诗人们寄情山水，屐痕处处，遍览天下美景，眼光往往是挑剔的，但桐庐却让他们这般迷恋痴醉，不吝赞美。不难想象，它该有着怎样特异卓绝的魅力。

千百年间弦诵不绝的古典诗文，也仿佛一条长河，有着自己的上游和源头。对于这个地方，早在南北朝时期，南朝梁吴均的《与朱元思书》一文中，就已经有着极为生动的描写了。③ “风烟俱净，天山共色。从流飘荡，任意东西。自富阳至桐庐一百许里，奇山异水，

❶ 运用比喻的修辞手法，将富春江比作银色的玉带，两岸的风景比作山水画卷，生动形象地表现出富春江的清澈轻盈的形态，两岸风景的美不胜收，表明富春江是大自然的杰作，十分珍贵，流露出作者对桐庐景色的喜爱之情。

❷ 引用宋代诗人苏轼和陆游的诗句，具体说明桐庐风景的美丽使得古人也心向往之。

❸ 引用南朝吴均《与朱元思书》中的内容，展现出桐庐奇山异水，水天一色的绝美景色，具体说明桐庐自很久以前便有着这秀丽的风景，引得人们流连忘返，留下了许多古典诗文。

天下独绝。水皆缥碧，千丈见底。游鱼细石，直视无碍。”在桐庐的几天，与富春江时即时离，每次相逢也都是不同的河段，但不论是在哪里，只要看到一泓碧绿的江水，这些几十年前就背诵如流的句子，就会又一次鲜明活泼地跳进脑海。

诗画不分家。富春江的涛声，在诗人吟哦声中化成一行行韵脚，而它的浪花溅落到宣纸上，便晕染成了一幅幅画卷。元代黄公望的传世名作《富春山居图》，描绘了富春江两岸的初秋景色。六百多年前，八十高龄的黄公望游历至此，感慨于这里“山峰俊奇，峡谷雄伟，江流气度不凡，美不胜收”，于是长住下来，用整整四年的时光，走遍富春江两岸的峰峦林壑，绘就了这幅被誉为“画中之兰亭”的山水长卷。据说，八成画面都取材于桐庐境内的江山景色。①画卷上，天地静穆，远山微茫，江阔波渺，林峦浑秀，草木华滋，村舍茅亭之间，樵夫钓客的身影参差隐现，弥漫着萧散淡泊的诗意。凭借艺术的非凡力量，大自然之美获得了永恒的生命。

我与富春江的首次晤面[1]，是在桐君山对岸。②隔江北望，富春江与其支流分水江交汇处，一座青黛色的山峰仿佛浮在水面上，林木蓊郁。这便是桐君

❶ 通过对画卷中静谧洒脱景色的描述，展现出桐庐境内江山景色的优美，充满诗意的气息，渲染一种淡泊宁静的氛围，烘托出作者对桐庐境内景色的喜爱之情。

❷ 环境描写，江水汇流，山水一色，白鹭驰翔，波光粼粼，形象地描绘出桐庐境内充满诗意的景象，渲染一种淡泊宁静的氛围。

[1] 晤面：会晤，见面。

山，旁边是桐庐老城。翠峰如簇，在宽阔澄碧的江面上投下浓重的倒影，又被阳光和江风撕扯成一缕缕一片片的粼粼波光，跳荡不已。几只白鹭悠然地掠过眼前的江面，转瞬间又隐没于不远处几株榕树茂密的树冠中。

桐君山是桐庐的标志，桐庐的地名也与这座山有关。相传有一老人，于此山中桐木之下采药结庐，人问其名，老人不语，手指桐木。后来人们就称其为桐君，其所居之山为桐君山，所居之屋为桐庐。这便是桐庐命名的由来,散发着浓郁的隐逸气息。而桐君老人，也成了后世供奉的中药鼻祖。

二

钟灵毓秀的风光形胜，丰盈飘逸的诗画情韵，桐庐的大自然构成了一种十足的魅惑。对于某些具有超逸品格的灵魂，置身这样的环境中，显然更容易萌发对自由洒脱的生活的向往。① 将身心融入这一片清幽山水，观烟岚云霞，听松涛流泉，这样的诱惑，岂不是自然而然而又难以抵抗?

❶ 反问，激发读者的感情，引起读者的共鸣，表明面对这样优美宁静的风景，我们难以抗拒它的吸引力。

的确有人以一种义无反顾的决绝，将整个生命交给这里的灵山秀水。在富春江最美的七里泷一带，江面宽阔，碧波湍急，翠峰簇拥，密林森茂。远眺江畔，那一处高阁连亘、飞檐翘角的所在，便是严子陵钓台，已经在此矗立了一千多年。严光（字子陵）为东汉时代的高士，少年时曾与刘秀一同游学，后来刘秀即位光武帝，以盛礼邀严光入京，许以谏议大夫的高位。严子陵固辞不就，归隐富春江畔，耕钓以终。①清晨，山林间飘荡着淡蓝色的雾气，黄昏，江面上闪烁着碎银般的波光；奔泻直下的溪流，振翅高翔的水鸟，修竹佳木在和风中窸窣作响，岩石旁侧有奇花异草寂寞开放……数十年间，这些风景成为他生命的背景。每一幅画面，每一个细节，都是对自由旷达的生命方式的生动诠释。

❶ 环境描写，通过对林间雾气、江面波光、河流、飞鸟等事物的自由闲适状态的刻画，展现出桐庐境内自由宁静的风景，渲染一种旷达洒脱的氛围。

一缕精神的烟云，自此间的林泉烟霞中氤氲而出，穿越时空的阻隔，弥散在后世众多典籍文章的册页和字行之间。严子陵甘愿做一名烟波钓叟，在大自然中寄托自己的灵性。他淡泊名利，却留名青史，这种情形想来颇有几分吊诡[1]，只能解释为源自后世人们由衷的敬意。他让人看到了，在惯常的富贵荣华、功名利禄的人生奔逐之外，还有另一种放置生命的方式，生活还有其他的维度和方向。这便是仰观俯察，静思默想，体味万物之美，探究存在的奥秘，并从中获得心灵的愉悦，精神的提升。

[1] 吊诡：奇异，怪异；趋异。

① 连那些胸中鼓荡着侠气剑胆的人，脚步一踏上桐庐的地面，心灵也不由变得柔软温润。最有说服力的，无疑该是范仲淹了。这位北宋名臣、杰出的政治家和文学家，因为上疏直言，不为当权者所喜，一生屡遭贬谪。第二次被贬，便是出任睦州知州，当时又叫桐庐郡，辖地包括今天的桐庐、建德等地。② 虽然半年多后就奉命移守苏州，但就在这短暂的时间里，却先后写成《出守桐庐道中十绝》及《潇洒桐庐郡十绝》等许多作品，占到其诗文总量的六分之一，足以证明他对此地的深厚情感。

有人说过，每个古代中国士大夫的灵魂中，都住着一个孔子，一个庄子。既渴望匡扶社稷，造福苍生，建功立业，又向往闲云野鹤，优游林泉，物我两忘。在范仲淹身上，这种互补性也体现得颇为鲜明。③《岳阳楼记》中抒发“先天下之忧而忧”的亘古情怀，抵御西夏入侵稳固西北边防立下赫赫战绩，其道德风范、卓越事功，为士林和民众共同景仰。但这些并不妨碍他对大自然和一种洒脱适意的生活方式的倾心。他知守桐庐期间的诗作，便充分表露了这一面。尤其是在《潇洒桐庐郡十绝》中，十首五言绝句的每一首，都是以“潇洒桐庐郡”开头，分别描绘了桐庐的山色、清泉、竹林、春茶等风光物事，以及桐庐人惬意恬适的日常生活。

❶ 总领下文，表明桐庐淡泊旷达的环境，能够安抚人们的情绪，抚慰心灵的躁动，引出下文对桐庐环境影响人们情感心绪的描述。

❷ 引用范仲淹屡次被贬郁郁不得志，在桐庐的短暂时光里却留下了占其诗文总量的六分之一的作品，具体说明桐庐的环境对安抚人们的情绪，疗愈心灵的伤痛具有出人意料的效果。

❸ 引用范仲淹《岳阳楼记》中的内容，表现出范仲淹对报效祖国、投身社稷的渴望，与此同时也对自由闲适的生活充满向往，形成对照，表明人们为国尽力的想法，与对自然洒脱生活的向往两者并不冲突。

❶ 引用范仲淹《潇洒桐庐郡十绝》中的诗句，表明他在桐庐的生活使心灵获得慰藉，流露出他对桐庐日常闲适洒脱生活的向往。

[①] 此景此情，让他由衷地喜爱羡慕，感慨复咏叹："潇洒桐庐郡，心闲性亦灵"，"使君无一事，心共白云空"，"人生安乐处，谁复问千钟"……这既是心志的抒发，也不妨看成是一种生命的宣言；既是他的丰满人格的生动表露，也印证了中国传统文化的博大包容。

潇洒，通常是用于描摹人物的言行风度，称赞其清高洒脱、不受拘囿、不同凡俗。范仲淹用它来写照风景，不能不说自出机杼。显然，他从桐庐山水之美中发现了一种自特的气质，它具有移心易志的作用。

❷ 对比修辞，将束缚于功名利禄与置身于山水的不同感受进行对比，突出强调置身山水会给人一种淡然洒脱的感受，让人的精神得以升华。

[②] 置身于这样的山水现场，那些日常汲汲以求的功名利禄之属，不知不觉中失却了分量，相反，那种似乎遥远缥缈的事物，像精神的自由舒展，灵魂的高蹈远举，却变得具有质感，真实而迫切。

也是范仲淹，在短暂的任职时间，重建了破败坍圮的严子陵祠堂——"仲淹来守是邦，始构堂而奠焉"，并写下了著名的《严先生祠堂记》。"云山苍苍，江水泱泱，先生之风，山高水长！"这是发自肺腑的钦佩和敬爱，表达了作者无限的心仪。[③] 严子陵的影响深远，富春江钓台也被誉为"天下第一钓台"，与范仲淹有至为密切的关系，正如经过苏东坡的大力播扬，陶渊明才真正走近广大读者，走入文学史的宏大殿堂。

❸ 类比修辞，将严子陵因范仲淹而影响深远与陶渊明因苏东坡而声名大噪进行类比，突出强调范仲淹与严子陵虽时代相隔甚远，却心灵相通。

严子陵和范仲淹，前后隔了十个世纪。但没有关系，只要心灵相通，血脉就会传递，仿佛眼前这一条富春江，涌流于上游和下游之间的，是同样的波光和涛声。

三

一方水土养一方人。① 同样，曾经飘荡弥漫于某一片土地上的精神气息，也有自己向后世传递的管道。

今天，在桐庐的山水原野间徜徉，分明会有一种与大自然亲密而深切的融入感，仿佛严子陵、范仲淹的魂魄进入了自己的内心。在生活日渐富足的今天，对超越的生活品质的追求，譬如“慢生活”的理念，越发成为这里人们的共识。② 几天的参观游览中，这个词语不但被当地文化旅游产业的领导者和经营者挂在嘴边，也在与普通居民百姓随意聊天时，数次听他们提起。是的，脚步慢下来，心境静下来，才能够更好地发现和体会自然之美，感悟生命的意义。这并非桐庐的首创，但桐庐更有理由做到这一点，而且的确也做得不错。

桐庐境内，有不少明清时代的古村。步履所至的几个村庄，老宅、古屋、街巷、宗祠、池塘、水口、石桥等，都得到完整的保存或修缮。③ 建筑多为徽派风格，白墙黛瓦马头墙，参差错落，映照着远处的青黛峰峦，近旁的潺湲溪流，一派秀丽古朴的江南田园风光。这里开发的一些旅游休闲项目，将农家生活、乡野情趣与时尚潮

❶ 点明桐庐具有属于这里淡泊闲适的精神文化，并且一代代流传至今，引出下文对桐庐人们持有的“慢生活”理念的展开叙述。

❷ 细节描写，通过作者不经意间发现“慢生活”的理念以及彻底融入人们的生活，被人们随意提及，形象地表明桐庐与自然产生了独有的联系，这里充斥着闲适淡泊的氛围，自由的生活让人向往。

❸ 环境描写，通过对桐庐境内宁静淡雅的建筑风格的描述，渲染一种朴素闲适的氛围，流露出作者对淡雅的徽派建筑的喜爱之情。

流巧妙地结合起来，创意独特，别有情致。像荻埔村，就是对各户废弃的牛栏猪栏进行改造装饰，在保持原貌的基础上，改建成一间间“牛栏咖啡”“猪栏茶吧”，大受游客欢迎。碎石砌成的外墙，低矮的屋檐，木栅小窗，室内随处点缀着芦苇、野花等乡野常见植物……在这样原始朴拙的环境中小坐，会真切地感受到生活是有根系的，心中会有一种笃实的家园感。

在桐庐的最后一天，清晨醒来，从所住民宿的窗口望出去，晨光熹微，笼罩着高低起伏的一片绿野。这家乡村旅店，是由村民的三间相邻而独立的房子改建而成，取其谐音，起名“山涧房”。店名看似随意，却委实有匠心寄寓：山，是背倚一脉青翠连绵的山峦；涧，是下临一道波光粼粼的溪流。①推门走下多级石阶，踩着用宽窄不一的石板砌成的小径，一直走进田野深处。草尖上的露珠被脚步震落，金黄色的野花恣肆地开放，三五成群的母鸡在田埂边觅食，水塘旁有水鸟梳理羽毛。驻足四望，但觉天地安详，岁月静好，内心熨帖。

❶ 环境描写，草尖的露珠、野花的绽放、三五成群的母鸡觅食、水鸟在梳理羽毛，生动形象地展现出环境的静谧与自由，同时通过一系列的动作，表明环境的清幽宁静，生活中这样的环境中让人感到岁月静好，人们很难不心向往之。

沉浸在质朴的自然风光和浓郁的历史人文氛围中，会不会不经意间忽略了桐庐的另外一种光彩？这是时代赋予它的。今天的桐庐经济发达、产业丰富，是多个领域中的翘楚：全国综合实力百强县，长三角最具投资潜力县市、中国最美县城、国家级生态示范区……

一顶顶的桂冠，熠熠闪亮。[1] 走在县城街道上，感觉分明就是一座很有规模的现代化繁华都市。占据中国快递业的半壁江山、被称为“三通一达”的申通、中通、圆通和韵达，都是从这里起步的。这几家快递巨头，堪称是桐庐经济飞速发展的一个生动隐喻。让人欣慰的是，在这个地方，财富的快速积累和增值，并没有滋长攀比炫富、浅薄虚荣的风气，而是转化为追求更高品质生活的助推力。这与此地文化的深厚积淀和有效传承，应该是大有关系。

❶ 表明桐庐的“慢生活”理念只是让人们在快节奏的生活中走进自然，感受自然之美，并不是放弃经济发展，“三通一达”正是桐庐经济发展最好的体现。暗示桐庐不仅有自由洒脱让人向往的自然山水，同时也有着快节奏的现代生活。

接下来的行程中，又一次从桐君山对面的江畔经过，远远望见积翠叠碧的山顶上，桐君塔清秀挺拔的白色身影。几天的行走，最深刻的记忆，都叠印上了灵山秀水的画面。此刻又看到药神栖身的地方，不由得就想到，大自然其实也是一味大药，可以疗治精神的疾患，祛除灵魂中的种种虚热症状，让人摆脱名缰利锁的束缚，至少能够获得片刻喘息。[2] 在尽情描绘了富春江的美景后，吴均在《与朱元思书》的结尾，揭示了此地山水对于生命的启发作用：“鸢飞戾天者，望峰息心；经纶世务者，窥谷忘反。”数百年后，明代的袁宏道也表达过相似的意思，只是说得更通俗些：“湖水可以当药，青山可以健脾，逍遥林莽，欹枕岩壑，便不知省却多少参苓丸子矣。”斗转星移，人世更替，

❷ 引用南朝梁吴均《与朱元思书》中的内容和明代袁宏道的话，具体说明大自然有着抚慰人们心灵的作用。

但一些基本的东西却是不会变易的。

就要离开桐庐了，在富春江边一家农家餐馆里午餐。一棵八百多年树龄的老樟树，树干粗壮，几个人才能合抱，树冠虬曲，枝干四处伸展开来，遮住了大半个小院。[1]江流平缓，在天地交融的远方，山水一色，仿佛一抹清淡的水墨。大朵白云静止地悬垂在蓝天上，把浓重的影子投射到江面上，明暗之间，层次分明。

❶ 运用比喻的修辞手法，将桐庐山水一色的美景比作清淡的水墨，生动形象地展现出桐庐自然景色的淡雅静谧，充满诗意，渲染一种淡泊宁静的氛围，表达了作者对桐庐景色的喜爱与怀念。

忽然就想到了唐代诗人王维的一联诗句。这两句诗非常有名，广为传诵，所描绘的意境令人赞叹，但在这里，却是寻常可见的风光景致——

“行到水穷处，坐看云起时。”

延伸思考

1. 文章中“斗转星移，人世更替，但一些基本的东西却是不会变易的”这句话有何含义？

____

____

2. 简要表述对于已经成为桐庐人们共识的“慢生活”理念，你有何看法？

____

____

岁月河流上的码头

名师导读

《岁月河流上的码头》表达了作者对民俗节日及传统文化的热爱之情，语言生动，感情真挚。在漫长的岁月河流中，传统民俗节日及文化代代相传，经过时光的沉淀，节日承载着人们对生产生活、乡土风情的美好愿望，随着节日的到来，我们也会一同进入状态，产生身份的认同感及历史的归属感。人们把民俗节日当作心灵栖息的码头，这样的“码头”让人心安。

一年的日子，仿佛是一条长长的河流，缓缓地、平静地流淌。每个季节，便是河流上不同的河段。自春徂夏，经秋涉冬，便是河水由上游至中游再到下游，次第流淌不息。水上风光，四时各异，春天活泼骀荡[1]，

[1] 骀荡：使人舒畅，多用来形容春天的景物。

夏天喧嚣匆遽[1]，秋天静谧澄澈，冬天，皑皑白雪覆盖了冰封的河面。

❶ 设问，提出对造成南北半球土地上河流与众不同原因的好奇，引起读者的阅读兴趣，对原因进行猜想引发读者的思考，引出下文对民俗文化的介绍，暗示南北半球差异的原因是人文风俗不同。

但这样说未免还是浮泛了些。①须知天下的季节都是一样的，赤道南北，半球东西，当岁月之河从某一片土地上流过时，是什么使得它和其他地方的河流不同？是船上的风帆，是波涛的颜色，还是飘荡在水面上的歌声？

对于这一片古老的、被称为华夏的、我祖先的土地，时光有着许多呈现自己的方式。其中之一，便是借助一系列独特的民俗节日。这样的日子，镶嵌在一年 360 多天里，使得原本混沌迷离难以辨识的一片，显现出区域和轮廓，产生了节奏和韵律。因为它们的存在，日子不再是物理意义上单调、枯燥的数字，而变得生动，变得温暖，充满了情感和韵致。

被称为中国人的三大节日的春节、端午和中秋，我们已经耳熟能详，且不去说。其他节日，名气虽然不如它们，但每一个也都有着丰厚的内涵和独特的魅力。让我们从时光河流的上游，解缆泛舟，漂流向若干个这样的节日码头。

正月的背影刚刚遁去，煮元宵的香甜糯软尚在回味之中，便走近了又一个节日：二月二。“二月二日新

[1] 匆遽：急忙；匆促。

雨晴，草芽菜甲一时生。”这个时节，阳气萌发，气温升高，降雨增多，土地变得润泽松软，适宜播种。对于一个有着悠久农耕文明传统的国度，这个日子无疑是重要的。①“二月二，龙抬头。大仓满，小仓流”，许多地方都把这一天当作龙的生日，加以祭祀，期盼雨水丰沛。龙是中国人的图腾，龙降甘霖，昭示着丰收的希望。歌谣反映了先民对于自然力量的敬畏。那是一个天地无间、人神共处的时代，现实与想象相互交融，浑然一片。

❶ 引用节日民俗的童谣，表明二月二这天是龙抬头的日子，今年会有个好收成，仓库会堆满粮食，反映出人们对丰衣足食生活的渴求，对美好生活的向往。

顺流而下，河面渐渐变得宽阔，水流湍急。当岸边蒲苇繁茂、草木飘香时，我们知道，已经接近了那个被称为七夕节，又名乞巧节或女儿节的日子。牛郎织女的传说，将农历七月七这天，装扮得温柔旖旎。这个晚上，未嫁的女儿家，要向织女乞求赐以聪慧的心灵和灵巧的双手，以及美满的姻缘。②依稀记得童年的夏夜，在姑姑家院子的丝瓜架下，表姐和邻居的姐妹们指点着，高远晴朗的天穹上，横亘南北的白茫茫的银河两岸，哪是牵牛星，哪是织女星，一串轻轻的笑声。正值怀春年龄的农家少女，该是被古老的传说逗惹出了某种迷离的情怀。这是中国人的情人节。一个浪漫、美丽的日子，让人知道在这片以所谓实用、理性著称的土地上，也有着那样的湿润、空灵、深邃

❷ 动作描写，通过对七夕节当天夏夜里，表姐和朋友们在天穹下嬉笑地谈论着星座的问题，生动形象地展现出人们对传统民俗节日的喜爱，表明民俗节日已经融入我们的生活之中，密不可分。

和悠远。[1]“两情若是久长时，又岂在朝朝暮暮。”它让人们知道了什么是忠贞的爱情，什么是生死以之、海枯石烂。

[2]“独在异乡为异客，每奉佳节倍思亲。遥知兄弟登高处，遍插茱萸少一人。”吟诵着王维的诗句，菊花的清香在幻觉中徐徐飘拂过来。九九重阳节来临了。时值仲秋，天空晴朗高远，空气清冽干爽，让人心思沉静笃定。移舟近岸，将船缆系于丹桂树粗壮的树干上，拾级上岸，青石的台阶上足音跫然。这一天，要登临高处，插茱萸，簪菊花，饮菊花酒。遥想故土山水佳胜之地，定是亲朋团聚，言笑晏晏，唯独自己天涯羁旅，孑然一身，思之能不黯然？亲情惘惘，系念依依，诵之成诗。这其间的深情厚谊，岂是电子邮件、手机短信能够表达和传递的？现代高科技的利器，已经将窖藏百年的佳酿，稀释成一盏薄酒。

继续泛舟漂流，渐渐木叶脱尽，霜雪时作，江天寥廓。然而尽管风景萧索，空气里却悄悄酝酿着一种欢欣，传递出一种暖意。腊八节，正在前方守候，依稀能够望见村庄里家家灶台的火光。古代庆祝丰收、感谢祖先和神灵、驱逐瘟疫的祭祀仪式，在农历十二月初八这一天，欢快登场。一年将尽，一度轮回，春节已经伫立在不远处了，但似乎担心人们一时无法消

❶ 引用宋代诗人秦观《鹊桥仙·纤云弄巧》的诗句，表明两个人如若真的至死不渝，那么便不会只贪图一时卿卿我我的相处。通过民俗文化揭示爱情的真谛。

❷ 引用唐代诗人王维的《九月九日忆山东兄弟》，指出重阳节到来时人们的思乡怀亲情绪总是分外的浓烈，团聚是游子殷切的期望，表明民俗节日会牵动着人们的情绪。

受那个盛大的庆典，便安排下一次预演，作为铺垫。腊八粥用多种粮食和果实熬制而成，糯米、桂圆、红豆、花生、薏米、松仁、莲子、核桃……这些大地出产的精微之物，鲜明生动地寓意了丰收。[1]每年这时候，母亲都要自制腊八醋，挑选个大匀称的蒜瓣，放进盛满醋的阔口的瓶子里，等到春节时，蒜瓣已经被浸泡得碧绿仿佛翡翠。除夕夜吃饺子时，打开瓶盖，浓郁的香辣味道扑鼻而来，让人垂涎。

清明节、中元节、冬至节……古老的民俗节日还有很多，它们的起源都和土地、和农耕时代的生活、和先民朴素的梦想有关。[2]在形成和流传的过程中，又渐次衍生出更为丰富的内容，仿佛村口一棵百年的榕树，向四周伸展出众多根和分枝，独木成林，几乎遮蔽了数条街巷。这样的节日，内涵丰富，意味深长，在计量时间的功能之外，还负载了灵魂的喜悦和哀伤，蒙被了一层温润柔和的光辉，仿佛月光笼罩下的一切。四季递嬗，岁月轮回，它们在时间的缓缓流动中闪现，使大地上飘荡着邈远的诗意。

如果说，岁月的累积形成了历史，那么，这样的日子的反复叠加，就是在参与一个种族、一种文化的构建。[3]当它们千百年来，被这块土地上的一辈辈的子民们，经由文字的或口头的方式代代传递，而逐渐

❶ 插叙，丰富文章的内容，通过描述每年母亲都要在腊八节时浸泡蒜瓣的事例，具体说明民俗深入人们的记忆，已渐渐地成为人们的习惯，表明民俗行为形成的文化十分珍贵。

❷ 运用比喻的修辞手法，将民俗节日比作百年榕树，生动形象地表明民俗节日形成的历史悠久，影响深远，同时内涵丰富。

❸ 指出历史岁月形成的民俗文化，代代相传耗时之久，如今已经融入人们的记忆，铸造出各民族精神和文化的基因，使人产生集体的身份认同和共同的历史归属感，表明民俗文化与人密不可分。

累积成为一种公共记忆时，便也是在铸造某种民族的精神和文化的基因，使人产生集体的身份认同和共同的历史归属感。这是一种不露声色的渗透，润物无声，在我们懵懂无知的童年，已经潜移默化地进入血脉，左右了我们的思维和行动的方式和路径。

❶ 环境描写，通过对现在人们生活越来越趋向于统一性的环境描述，渲染一种压抑低沉的氛围，表达了作者对如今民俗文化逐渐趋同的伤感与落寞之情。

① 今天，地球已经成为村落，被飞机、轮船、网络紧密地编织为一体，同样牌号的汽车奔驰在不同大陆的道路上，同样的香水润泽着不同颜色的女性肌肤，电视荧屏上闪现的面孔，总是那几位走红的国际影视或体育明星。到处都是一样的东西，固然容易令人产生某种万物皆备于我的虚幻感觉，但同时却又是多么乏味。希望在习俗、风尚都日趋统一化和标准化的今天，每一片土地，每一个族群，都能够保持自己的某种特性，某种区别性的特征。这是一种源于灵魂深处的祈求，有着人性的强大依据。

❷ 运用对比的修辞手法，将罗密欧与朱丽叶同张生与崔莺莺的故事进行对比，突出强调作者对我们民族悠久的历史岁月中形成的独特民俗节日的喜爱之情。

② 罗密欧手持玫瑰，在朱丽叶的窗下，用歌声呼唤心上人，固然深情款款，而张生崔莺莺的绣帕题诗，暗诉倾慕，不也有着一份入骨的缠绵？正是这样的独特的地方，让我们确立了自身存在的真实感。即使远离家国，置身于不同肤色、语言的人群中，在某个特定的日子，对于赛龙舟、包粽子、饮雄黄酒的共同的记忆和理解，

会让我们相视一笑，莫逆于心[1]。放眼望去，到处都能够发现相似的情形，在证实着一个朴素的真理。犹太民族的总人数并不多，且散布在世界各个地区，能够历经数千年的劫难而存留下来，并且为人类生活的众多领域做出了巨大贡献，与保持了本民族文化血统的纯粹有密切的关系。安息日，赎罪日，逾越节，五旬节……每个日子背后都连接了这个古老民族的悠久历史，应和了千万颗灵魂的跳动，涌动着一股强大的生命的力量。

正是无数这样的事物的存在和汇合，使得世界丰富多彩。纪念它们，既是寻找每个民族自己的根系，承传文化的血脉，也是向人类文化的浩瀚宝库，贡献一份特色鲜明的藏品。

①上元节、寒食节、灶神节……泛舟时光河流上，每走过一段距离，船都要停靠一个景色别致的码头，加入一次风格独特的庆典。它们让旅人得到暂时的憩息，心中贮满诗意的沉醉，对于天空和大地、山河和岁月、生活和命运，生发出种种感悟。船在水面上轻轻摇晃，他因此而感到从容、安适，感到一种和这条河流、这片土地的脐带般牢固的维系，仿佛在记忆尚未形成的生命之初，在混沌的梦境里，安睡在母亲温暖的怀抱中……

❶ 运用比喻的修辞手法，将历史岁月比作河流，人生比作小船，民俗节日比作码头，生动形象地表明人们的生活中充满着民俗节日的影子。民俗节日会使人产生集体的身份认同和共同的历史归属感，民俗节日与人们相互依存。

[1] 莫逆于心：心中没有抵触，指情感一致，心意相投。

延伸思考

1. 请结合文章内容阐述华夏民俗节日有着怎样“丰厚的内涵”？

2. 文章以“岁月河流上的码头”为题，有着怎样的含义与作用？

第三辑　心的方向，无穷无尽

此刻，在明亮蔚蓝的天空下，热带十月的炽烈阳光瀑布一样倾泻。目光所及的广阔视域里，不同科属的众多植物茁壮茂盛，一派浓郁恣肆的碧绿，喷吐着生命的活力。叶片阔大肥厚，藤蔓纷披葳蕤，我仿佛听到枝干中汁液汩汩流淌的声音。

作家带你练

【2021—2022 学年广东省茂名市电白区八年级（下）期末语文试卷】

阅读下面的文字，完成问题。（10 分）

目光里的松阳

①“按节下松阳，清江响铙吹。”诗人王维的诗句给深藏在浙西南群山中的松阳注入了一种悠久厚重的历史感。僻远的地理位置，让松阳有幸保存下众多的古村落，也保存了一个良好的生态环境。

②这里，蓝天白云是天空的常态，缭绕的云雾是山中的常客；溪水澄碧清亮，茶园舒缓开阔，桂花浓香飘逸。行走于山水间，仿佛置身于一幅立体的水墨长卷中。更为可贵的是，这巨幅山水画中，保留了一百多座格局完整的传统村落。这些山水环绕、林木坦郁的村落，依据地形的不同，或倚靠青山，或襟带绿水，或俯瞰幽谷，散布在县境各处。

③来到村头，或者是一道溪流，溪水汩汩有声，清净见底；或

者有一棵甚至几棵高大粗壮的古树，伸展的树冠遮住了一大片地面。再向里走，街巷里大青石铺就的石径弯曲幽深，石径的边沿和墙脚交界处，覆盖着一层湿滑的绿苔；街巷两侧分布着宗祠、水井、水槽、晒谷坛……这些在别处早已经消亡的典型的农村建筑和器具，仿佛一位位耄耋老者，虽历经沧桑却安然无恙。随意推开一扇老旧的门板，走进一座老宅，都会看到曲折的廊道、萦回的天井，地面的方砖大半已经龟裂，纹路纷乱；房屋里外上下，石雕、木雕或彩绘到处可见，构图生动，笔法细腻，堪称精美的艺术品。

④古村落弥漫着传统美学的韵味和情致，同时，在种种美的样貌形态背后，还有丰厚的蕴含。石雕、木雕和彩绘，内容多取材于神话传说或传统典籍，八仙过海、岁寒三友、松下问童子、鲤鱼跳龙门……笔法精致、细腻、生动，有祝祷的寓意，有教化的作用；“耕读传家”被刻写在无数古宅老院的匾额上，并扩展成“耕读传家久，诗书继世长”镌刻于楹柱上，让孩子们在耳濡目染中受到熏陶。杨家堂村是明代开国第一文臣宋濂后裔聚居地，文风昌盛，绵延不衰，这不能不说是先人的文魂引领的结果。古村落中这些传承数千年的文化价值，滋润着一代代人的灵魂。

⑤仿佛是上天的特意安排，在遥远宁静的群山之间，安放一种古朴传统的美好，让人们真切地领悟到什么才是诗意的生存。今天，这里的人们也没有辜负上苍的厚爱。

⑥西屏街是一条明清老街，长约两公里，青石板的街路两旁，鳞次栉比地排列着下店上宅式的几十家二层木结构店铺。通过设施

改建，西屏街既提高了居住舒适度，又较为完好地保存了当年的样子，堪称街区“活态传承”的样本。位于半山腰处的平田村，在古村落改造中强调“原真性保护”，28幢老屋被改建成不同档次的民宿，以品位不俗、知名度高吸引着大批的游客。

⑦但是，现代化浪潮席卷之处，一应城市乡村都无所逃遁。这样的古村落在不少地方或者被拆除，或者住户被迁走，只留下徒有“古老”外壳、毫无“人气”的所谓的旅游项目。喧嚣和躁动，忙乱和焦虑，速度和效益，织就一张无形巨网，让人们灵性窒息，疲惫不堪。相形之下，这里静谧古雅的氛围、诗意的生活方式和浓郁的人文气息，便愈发显得可贵。

（选自《人民日报》，有删改）

1. 下列对上述材料的理解分析，不正确的一项是（　　）（3分）

A. 作者在开头用王维的诗句引人，为下文介绍松阳的古村落增添了文化气息。

B. 文章第④段主要介绍古村落弥漫着传统美学的韵味和情致，让人看到古村落的形态美。

C. 文章第⑥⑦段由较为完好保存的西屏街、平田村，自然过渡到其他被拆毁的古村落，两相比较，突出了保护古村落的必要性。

D. 第⑦段画线句子把“喧嚣和躁动，忙乱和焦虑，速度和效益”比喻为“无形巨网”，使描写对象形象生动，具体可感。

2. 根据第③段作者的游览顺序，填写下面表格。（3 分）

地点	景物
村头	①________
②________	石径、宗祠、水井、水槽等建筑和器具
老宅	③________

3. 作者一边记述所见景象，一边表达自己的感受。通过“目光里的松阳”，你读懂了作者吗？请谈谈你的理解。（4 分）

____

____

____

名师带你读

停止与开始

名师导读

《停止与开始》是一篇充满哲理性的散文，文章向我们阐述了停止与开始之间的内在关系，重点表明停止只是当下的，停止中蕴藏着重新开始的可能性，可以帮助人们更好地认清自己，实现新的超越，看到更多的风景。停止的只是表面，重在思想的领悟与升华。诚如丹麦哲学家基尔克戈德所言，“暴君死了，他统治也就结束；烈士死了，他的统治刚开始”，历史的进程便是在一次次开始与停止中不断推进，让我们通过作者的散文一同了解停止与开始的意义。

①在这个人人争先恐后日夜兼程的时代，有谁肯逆风而行，想一想有关停止的话题吗？

停止，和躲避、放弃、失败等字眼一样，在通常的理解中，似乎总带有某种消极、贬抑的色彩，不怎么讨人喜欢。然而停止却是宇宙间的节奏。在宽泛的意义上，停止包含了拒绝、关闭等含义，是当下生活的中止，同时也潜伏了新生长的可能性。从自然物事到社会人生，停止画出了一道分界线，分隔开两种明显区别甚至是极端对立的状态。②黑夜停止之时是白昼，陆地停止之处是海洋。狂热的意识形态运动停止之处是安定正常的社会生活。放下屠刀，才可能立地成佛。隔了数百年的遥远距离的两个哲人都曾仰望天空，帕斯卡尔感叹："这无边苍穹的无穷寂静使我战栗！"灵魂都颤抖了，语言只能遁隐[1]，于是试图解释的动机最终让位给了皈依，前后的性质完全不同；康德读出了启示，由"头上的天空"联想到"心中的道德律"，在他眼里，两者是同样的庄严整饬[2]。他倒是说了什么，但前提是一定也沉默过，而沉默当然是语言的停止。③语言停止处，是"道"的边界，是老子"恍兮惚兮"的"精"或者"真"，因此连一向信奉实用理

❶ 设问，总领全文，表明随着时代的发展，人们都在日夜兼程地前进，很少有人提及停止的话题，引出下文对人们不愿提及停止原因的叙述。

❷ 列举事例表明停止的尽头便是新的开始，生活中的中止潜伏着新生长的可能性。

❸ 引用老子和孔子的话，具体说明无言只是表达上的暂时停止，内里蕴藏着思想上的顿悟与升华。

---

[1] 遁隐：隐藏；遁世而居。
[2] 整饬：使有条理；整齐。

性的孔子都不禁表示:“予欲无言。”

停止每每意味着变化，至少是变化的前夕。停止的落脚点是在新与旧的结合处，充满了辩证法的精神。①想一想夏天骤雨前的天气吧！树叶忽然纹丝不动，万籁俱寂，安静得古怪，然而即刻就会电闪雷鸣，将世界重新安排。

❶ 通过夏天雷暴大雨来临前的寂静，表明停止意味着变化，是变化的前夕，其中充满着辩证法的精神。

我们不妨再把视线投向身边，既然万物的运行都遵循这一定律。一对平素打打闹闹出言无忌的青年男女，突然变得相对无言，眼神躲躲闪闪，很可能一簇激情的火苗正在双方心底暗暗点着，等待着熊熊燃烧。夫妻长期反目舌战，忽然有一日偃旗息鼓，不排除重修旧好，但更大的可能是彼此厌倦到了极点，懒得吵闹了，要分手了——而分手意味着旧的结束和新的开始。

每个人都有这样的体验：当视听关闭时，内心生活的生动活跃才有可能，那是外界声色形相在灵魂之门前的停止。②去了一趟新疆西藏，置身高天远地的风景和善良纯朴的人们中，会有一种生命更新的感觉。那是拥挤喧嚣冷漠狭隘的都市生活的暂时停止。当追名逐利的脚步停歇时，才有心境欣赏大自然的美，体会月色溶溶，杨柳依依，微风燕子斜，细雨鱼儿出。停下来也才能返归内心，与真实的自我对话，才能重

❷ 通过人们在新疆感受到生命更新的感觉，是暂时没有城市喧闹的升华，表明停止才能重建人们与大自然的和谐关系，找到大自然的美丽。

建与大自然的和谐，才能思考千百年来哲人的思考——我是谁？我从哪里来？我到哪里去？在歌德笔下，一生求索的浮士德博士最后喊道：“美啊，请为我停留！”对于今天的我们，一种加以改动的表述也许更为恰当：美啊，请让我为你停留！

大人格、大成就无不自不间断的停止中生长出来。[1]印度王子乔达摩·悉达多，倘不是弃绝了宫廷生活出外苦修，便不会有菩提树下的觉悟，自然也诞生不出大慈大悲以众生为怀的佛教。法国画家高更毅然中止了巴黎证券商的富裕生活，远赴南太平洋的塔希提岛，在炽烈的热带阳光下，一支画笔点燃了张张画布，也烧旺了当时尚属籍籍无名的象征画派的声誉。一个时代如果总是让人眼花缭乱，一个人如果永远有做不完的事情，那个时代可能罹患了病症，而那个人所忙碌的事情的价值也大可怀疑。

❶ 通过印度王子乔达摩·悉达多弃绝外物，在菩提树下静静感悟和法国画家高更中止富裕的生活，在自然中停下脚步用心创作的事例，启示人们停下脚步静下心来思考与观察，回归自然和本心，实现更大的价值。

何以匡正？把脚步放慢，直到能听到心跳的声音。在路上高速奔跑的感觉固然刺激，然而不能指望看清两边的东西。即便目标明确，停顿也是必要的。[2]毕加索一生高峰不断，齐白石衰年变法艺臻极境，奥妙之一，便是他们在绘画艺术之外，还不断温习停止的艺术。在停止中才能反省，才能酝酿着突变，完成对自我的超越。所以，耶和华创世，将第七日作为安息日，

❷ 通过列举毕加索和齐白石在艺术领域的创作历程中，也在不断地从停止的艺术中温习技艺的事例，具体说明在停止中反省自身，才能实现自我的超越。

后世的人们也在这一天停下手中的活计，以便默诵神恩，使灵魂亲近神圣。停止以极端的方式证实着生命的不息和更新。

现代生活的一大弊端是匆促。欲望太多，同时又太急切。快速成为时代的美学，于是生命遭到异化荼毒，目标为手段所替换。① 日子仿佛一辆狂奔的马车，然而驾车人在哪里？快并不是唯一目的，如果方向错误，越快只会离目标越远。梯子应该搭对墙壁。西方一位管理学大师这样比喻。我国一位诗人说过一句话：一个人一生只能做一件事。要给这件事定位，找到它的坐标，算出其半径和周长，停下来是必不可少的。此时，停止是一种调整和校正。在新世纪的喧嚣纷乱中，守护什么？放弃什么？我需要和众人一样吗？即便没有资格谈论对时代负责，总该对自己负责吧。不再有救世主和导师，每个人都是自己的立法者。试一试停止吧，停止是为了重新上路。在现状与超越之间，停止是一座桥梁的名字。

❶ 比喻修辞，将日子比作狂奔的马车，认不清自己，找不到明确的方向，那么我们只会离目标越来越远，生动形象地表明我们在人生的路途中应该适当停下脚步，抓紧时间认清自己，找准方向再出发。

② 据说瑞士的阿尔卑斯山口立着这样的标牌，提醒人们留意两侧的风景："慢慢走，欣赏啊！"慢慢，也就接近停止了。只有停下来才能欣赏到、读懂一些好的东西，试一试停止吧！如果我们展望新的开始的话。

❷ 引用瑞士阿尔卑斯山口标牌上的话，具体说明我们只有停下来慢慢走，才能够仔细欣赏周边的风景，读懂一些好的东西，找到属于自己新的开始。

延伸思考

1.本文以“停止与开始”为题，着重谈论停止的意义，请结合全文进行概括。

____

____

2.文章最后引用诗人的话，“一个人一生只能做一件事。要给这件事定位，找到它的坐标，算出其半径和周长，停下来是必不可少的”，有何作用?

____

____

头脑中的旅行

名师导读

《头脑中的旅行》是作者对以前文人卧游和现实中旅行两种旅行形式的深入思考。当我们不具备旅行条件时不妨卧游一番，同样可以充实自己的心灵世界；百闻不如一见，实地旅行能更好地帮助我们了解当地风土人情；然而现实有限想象无限，当头脑中的旅行与现实交融后，也许眼前的景色会别有一番风采。随着科技的进步，我们能够了解到各地的信息越来越多，发散你的想象力，哪怕是步履难以所至之处，你也能在头脑中畅游一番。

对一个当代人来讲，旅行是一件平淡无奇的事情，已经成为日常生活的一部分。虽然因为时间、财力、爱好程度、健康状况等条件的差异，在不同的人，有走得近或远、次数的多或少的区别。但在古代，甚至

只是在一个世纪以前，旅行还远远没有这样的普及和便利。[①]那时候，技术落后，交通不便，旅行经常是和冒险联系在一起的，另外还要有相当的经济实力来作为后盾，因此有条件旅行的只是极少数人。

❶ 交代环境背景，当时人们技术比较落后，经济实力较弱的人很难有机会可以前往远方旅游，点出人们进行头脑中的旅行的原因是没有机会踏上前往远方的道路。

所以，那时候的一些人尤其是文人，愿望难以满足，只好经常借助于幻想，在头脑中旅行，或者换成一个人们更熟悉的说法：卧游。文人许多是贫穷而兼病弱，但却拥有丰富敏锐的感受力和想象力，现实生活中的阻碍反而进一步激发起他们的热情。[②]一幅图画，一些纪念品，别人的只言片语，书里一段并不起眼的描绘，都能够成为点燃他们的灵感的火种，最终蔓延成一片熊熊烈焰。借助想象力，他们能够生动地描绘出一个地方的景色氛围，读来有身临其境之感，仿佛作者一直就是在那里生活的。

❷ 运用比喻的修辞手法，将图画、纪念品、只言片语以及书中不起眼的描绘比作点燃灵魂的火种，生动形象地展现出文人想象力的丰富。

被尊为现代派诗歌鼻祖的法国象征派诗人波德莱尔，就突出地体现了这样一种才华。他的不少篇章，都表达了对于远方的向往。远方，始终是一个魅力和诱惑的巨大泉眼，汩汩涌流出诗意和美。[③]他的情妇是一位混血儿，有着一半非洲血统，据说正是她周身所散发出的异域气息令他痴迷，她的一颦一笑，都让他恍惚感受到了遥远的、另外一个大陆的奇异魅力。他有一首散文诗《头发中的半球》，这样描绘自己把脸

❸ 通过列举波德莱尔能够从别人的一颦一笑中感受另一个大陆的魅力的事例，具体说明远方对诗人充满吸引力。

埋在情人的头发里、长久地嗅着她的发香：

“你的头发蕴藏着一个完整的梦，充满了船帆和桅杆的梦；它也包藏着大海，海上的季风把我带到那些迷人的地方，那里的太阳显得更蓝更深，那里的大气充满果实、树叶和人类肌肤的香味。

①“在你的头发的大洋里，我恍惚看到一个海港，那里充满忧郁的歌声，麇集着一切种族的强壮男子，在那飘荡着永远的暑气的广大天空里漂着很多显得结构复杂而精致的各式各样的船舶。

❶ 引用法国象征派诗人波德莱尔《头发中的半球》中内容，以具体的例子说明想象的旅行打开了诗人通往远方的道路，形象地展现出诗人的才华。

“在你的头发的炽烈的火炉里，我闻到混有鸦片和糖味的烟草气味；在你的头发的黑夜里，我看到辽阔的热带蓝天闪闪发光；在你的头发的长满绒毛的岸边，我沉醉在柏油、麝香和椰子油的混杂的气味之中。”

……

从这些文字中，你能强烈地感觉到诗人感受力的灵敏和丰盈，视觉、听觉、嗅觉，都全方位地、酣畅地敞开着，借助于一些要素，生动地描绘出遥远地方的风光气氛，生动逼真，栩栩如生。而这一幅幅巨大的、声色流溢的画面，最终是靠着强大的想象力来加以拼接、连缀和黏合的。

终其一生，波德莱尔都被港口、轮船、铁路、火车以及酒店客房所吸引，因为这些都连接着远方，通向另外的生活。[1]那是和巴黎的阁楼、集市、咖啡馆迥然不同的生活，丰富、神秘而幽深，笑容和哭泣，德行和罪孽，都具有一副独特的表情。他经常为到不同地方去的选择而顾虑重重，拿不定主意，因为这些地方都有吸引力，鱼与熊掌，他都想得到。

其实，目的地是哪里，并不十分重要，真正的愿望是离开现在的地方，[2]“对我而言，我总是希望自己在一个我目前所居地以外的地方，因而到另一地方去永远是我满心欢喜的事情”。所以他才这样写道：“任何地方！任何地方！只要它在我现在的世界之外！”他看重的，既是远方的真实的风景环境，同时也是旅行这桩行为所承载的摆脱当前生活的象征意味，他认为这是一种标志，代表了高贵灵魂的求索。这样，对旅行的渴望，实质是对于获得新的生活体验的向往，是对“生活在别处”的一种认同和表达。经由旅行，世界为旅行者打开了一扇扇的窗口。

因为很难真正具备出行的条件，波德莱尔更多的是从想象中获得满足。甚至在某些时候，由于想象力产生的效果是如此地不凡，他都觉得真正的旅行是不必要的了。也是在散文诗集《巴黎的忧郁》中，有一篇《计划》，写的是主人公“他”在黄昏散步时的一些遐思。[3]“他”在公园里漫步时，在版画店里欣赏一张

❶ 对比，将远方的生活同巴黎的阁楼、集市、咖啡馆的生活进行对比，突出强调远方的生活更加神秘，那里的情绪与风俗都能引起诗人的无限想象，具有独特的风味。

❷ 引用波德莱尔的话，直观地表明诗人对前往远方的期待，任何远方对他来说都充满吸引力，表达了诗人对远方炙热的向往之情。

❸ 波德莱尔运用丰富的想象力，让自己在梦想中体验四处旅行的快乐，这不失为一种很好的办法，可以满足人对远方的向往。

描绘热带风景的版画时，看到一家整洁干净的旅馆时，都分别产生过到那里旅行、居住的幻想，并在脑海里描绘出种种舒适惬意的情景。但等他独自回到家中，想法却改变了："今天，在梦想之中，我有了三个住处，在每处，我都觉得同样快乐。既然我的灵魂如此轻松地漫游，我为什么要强迫我的身体换换地方？既然计划本身就有足够的乐趣，何必要把计划付诸实施呢？"

这个不无怪异的意念，也可以从法国作家于斯曼的小说《逆流》中获得印证。小说主人公名叫德埃桑迪斯，是一个贵族，喜欢读狄更斯的小说，并因此引发了对英国人生活情形的种种想象，热切地希望到伦敦旅行一次，以便亲身体验小说中描写的环境和生活。他准备停当来到巴黎，马上就要踏上去英国的火车了，但却在最后时刻决定放弃。因为离开车还有一些时间，他便买了一本《伦敦旅行指南》，到附近一家英国餐馆就餐。餐馆中，柜台桌椅的样式，菜肴和酒水，都是地道英国式的，有几位健硕的英国女人正在就餐，身材、容貌和气质，都和巴黎女人很不同。[1]此时，他忽然感到疲乏和厌倦起来："既然一个人能坐在椅子上优哉游哉地捧书漫游，又何苦要真的出行？难道他不已置身伦敦了吗？伦敦的气味、天气、市民、食物，甚至伦敦餐馆里的刀叉餐具不都已在自己的周遭吗？"

❶ 语言描写，通过对德埃桑迪斯对出行的抱怨以及通过周围环境的想象，直观地表明德埃桑迪斯通过丰富的想象达到满足自己奔赴远方的愿望。

于是他返回了自己在巴黎郊外的别墅，此后再没有过去国外旅行的打算。他满足于待在自己的房间中，身边是各种搜罗来的国外的物品，诸如酒店和博物馆的图片、帆船和海员的模型等，借助它们，他想象自己已经游历了那些国度。这样，他能体验到远行的乐趣，却又免去了旅途中可能出现的任何不适。①对自己的这种做法，他解释起来还颇为振振有词："想象力能使我们平凡的现实生活变得远比其本身丰富多彩。"

德埃桑迪斯毕竟要算是一个"另类"。不论如何，绝大多数人并非这样想，而是知行合一的，至少是追求这点。②如果缺乏机会，或者条件不具备，而未能成行，他们通常感受到的还是遗憾，而且总是在努力寻找补偿的机会。第一位获得诺贝尔文学奖的俄罗斯作家蒲宁，也是一位善于运用想象力的大师巨匠。在那部为其奠定了不朽声誉的自传体长篇小说《阿尔谢尼耶夫的一生》中，他回忆了自己在俄罗斯腹地的一个庄园里度过的童年时代。在漫长寒冷的冬夜，《鲁滨孙漂流记》等书里的插图，让他想象遥远的热带。狭窄的独木船、拿着弓箭和长矛的光身子的人、椰子树林、宽阔的树叶及其覆盖下的原始茅屋，都让他感到甜蜜和陶醉，产生了一种身临其境的幻觉："上帝啊，我不但看到，而且以自己的整个身子感觉到了那么多干燥

❶ 语言描写，通过德埃桑迪斯对自己不愿远行的自我解释，直观地表明通过丰富的想象力我们可以使现实的生活变得更加丰富多彩，脑中的旅行同样可以满足心灵的远方的向往。

❷ 表明哪怕是通过想象抵达远方，大多数人如果后续具备了条件，还是会愿意亲自前往远方，看看那里是否如想象般美丽，以弥补之前的遗憾。引出下文对作家蒲宁事例的叙述。

❶ 心理描写，通过对作家蒲宁真正看到那些远方的风景时，感觉与当初脑海中旅行所见一样时内心的激动与满足的描写，展现出旅行的魅力。

的炎热，那么多阳光！”①以至于当多年后，他有机会来到那些地方时，心中浮现的第一感觉就是：“对，对，所有这一切正如我三十年前首次‘看到’的那样！”

拥有这样一种强大的想象能力，堪称是生命中获得的宝贵奖赏。它打通了一条连接诗和美的道路。

以上种种，包括德埃桑迪斯那种匪夷所思的做法，都在表明，一个善感的灵魂，可以创造出怎样的奇迹。这是一些具有异秉的人，能够通过一棵树木想象一片森林，借助一片贝壳想象一片大海。一些零散寒碜的线头布片，到了他们手中，可以拼接出一幅色彩斑斓的织锦。读这样的作品，与其说是观赏作者借助于想象而描绘出的风景，不如说是欣赏灵魂的奇观。这样的灵魂正是艺术的摇篮和息壤[1]。

❷ 设问，通过对德埃桑迪斯异常行为的追问，表明我们对远方的探寻需要丰富的想象力，但想要真正地了解远方，加以验证，如果条件允许，真正前往远方，身临其境会更有感触。

当然，我们都是凡夫俗子，不具备那样卓越的才华。不过，严格推究起来，他们的某些叶公好龙式的做法却无法让人认同。像那位法国贵族的举止，除了懒惰和怪癖，就想不出别的更有说服力的解释了，尽管他自己有一套说辞，但经不起诘问。实际上，小说开头已经交代，主人公是个厌世的、待人刻薄的贵族，那么，他有些什么乖戾的举止也就不奇怪了。②即便有超常的想象力，实地踏访难道会有什么坏处吗？不正是可

[1] 息壤：泛指泥土；栖止之地。

以使其异秉得到确切的验证，并在真实的情境中转化为充分的感受力吗？只要有可能，还是应该身临其境，用感官去触摸。比如热带雨林，那种腐殖层的浓郁气息，蚊蝇叮咬的瘙痒，潮湿闷热带来的窒息感，是坐在屋子里读多少本文学作品也想象不出来的。[1] 仿佛绘画，临摹品再惟妙惟肖，和原作毕竟不是一回事。又仿佛一位美人，从画报上甚至从电视荧屏上来欣赏，总是不若面对面。眼波流转，吐气如兰，这些动人的韵致，必须在场才能够深切地体会。

但话说回来，从他们的这种嗜好中，还是可以解读出一些有益的东西的。虽然经济和技术的发展惠及众生，如今旅行成本大大降低，可以让人更容易地实现梦想。但一个人的时间、精力、财力等，永远是处于一种短缺的状态。[2] 相对去过的地方而言，更多的地方是去不成的。但人性又是不知餍足，总是希望多多益善。这样，就不妨退而求其次，借助想象的力量，来作为一种弥补。

在这个意义上，倡导学习那些杰出作家的想象力，努力使自己变得细腻善感，便具有一种必要了。虽然这在相当程度上是一种天赋，但只要产生了这样的意愿并努力加以培育，应该会逐渐有所进步的。[3] 看到一泓碧蓝的山涧溪水的图片，应该让他感觉到丝丝的

❶ 运用对比的修辞手法，将临摹品同原作、美人现实中的样子同画报和荧幕中样子进行对比，突出强调想象力再丰富，有些内容也无法详细地描绘出来，身临其境，你能更加直观地了解到其中风景，做到知行合一。

❷ 表明现在人们对于去不了的地方，也会通过丰富的想象力在头脑中旅行，思绪不会受到时空的约束，转眼你便可想象到远方的景色，这样的旅行同样可以满足心灵的向往，弥补自己不能远行的遗憾。

❸ 想象，通过山涧溪水的图片想到溪水的寒凉，临水的茶楼想到龙井的清香，展现出想象力的丰富，同时表明人们的想象力是可以锻炼培养的。

寒凉，一间江南小城临水的茶楼，也许会使他隐约嗅到一缕明前龙井的清香。对于气氛、情调的细腻感知和把握，才堪称旅游的最重要收获。如果不在这方面用心，即便真的成行了，赶集般地穿梭在各个所谓景点之间，忙不迭地拍照，却顾不上仔细体会品味，过后寻检起来，除了那一大堆照片尚可以向没有去过的亲友同事们炫耀一番外，脑海里实在只有一些模糊零碎的印象。这和旅行的真正精神是相隔膜的。

好在，如今技术的快速进步，为这种想象的旅行提供了极好的帮助，令卧游嗜好者们得以如愿以偿。①波德莱尔时代的文人们，常常只是依据少量印制粗糙、画面模糊的图片，来想象一个陌生遥远的所在，而今天，数码相机拍摄的图片，清晰、逼真，富有层次感，尤其是借助无远弗届的电脑网络传播出去，从供给的数量上，从获取的速度和便捷程度上，都让人惊叹。众多无名作者的图片发布，让个人的劳动成果变作了公共资源，成为取之不尽，用之不竭的欣赏宝库。想到这一点，心里总要泛上一缕感激。朋友不久前去新疆参加全国书市，顺便到北疆一游，回来后描绘喀纳斯湖的美景，说得眉飞色舞，唾沫四溅。多年前我曾有过新疆之旅，也曾拟前往，但因为时间缘故，未能成行，倍感遗憾。这次听他讲述，不禁勾起旧梦，

❶ 对比，通过以前人们想象远方的方式同如今科技发展后的方式进行对比，突出强调人们现在对远方的了解无论在信息的数量上还是质量上都有了长足的进步，暗示我们现在对远方的想象会更加细致具体。

就在“百度”的图片搜索中键入“喀纳斯湖”，立刻就有数十个页面唰唰地铺展开来。随着鼠标的点击，几百幅图片，多角度多侧面地展现了那里迷人的四时风景，山和湖，森林和雾岚，帐篷和木屋，看得眼花缭乱，让我有了一个十分沉醉的夜晚。① 心寂神凝，目光在图片上游走，似乎嗅到了金黄的白杨树叶苦涩的气味，浓雾自面前拂过时的片刻窒息感，而湖水的寒冽，恍惚中也感到沁入了脚底，一寸寸地扩展开来。

这是一种无限开放的方式。世界的每个角落，都在你的眼前，在一尺开外的电脑屏幕中。② 鼠标轻轻一点，你可以从挪威的陡峭峡湾，到巴西广阔的亚马孙河河口，从白雪皑皑的北极冰原，到花木葳蕤的热带海岛，从德国小镇整洁的别墅，到印度村庄破旧的茅屋，地球任我来去，都在转瞬之间。瞩目于这些图片，充分调动想象力，把感受的旋钮调到最高挡，庶几可以获得几分真切的、身临其境般的体验。③ 余光中写过一篇关于摄影的散文，名字叫作《谁能教世界停留三秒》，这些画面，都是在瞬间之中，驻留了永恒之美，让目光从容地长久地停留浸润，面临干涸板结的心田被美的清泉浇灌，重新变得丰腴润泽。

当然，对于我这种自遣方式，这种替代的旅行，你尽可以不以为然，理由涉及真与伪的命题，涉及价

❶ 想象，通过喀纳斯湖的风景图片展开想象，白杨树的苦涩气息、浓雾的窒息感、湖水的寒冽，生动形象地展现出喀纳斯湖的静谧美丽，展现出想象力的丰富与强大，让人仿佛身临其境。

❷ 动作描写，通过轻点鼠标，人们可以在电脑中浏览世界各地的地方，想象各地的美景，展现现在科技的进步，形象地表明想象力不受时空约束的特点，同时表明如今头脑中旅行的普遍。

❸ 引用余光中的散文《谁能教世界停留三秒》具体说明摄影中的景色保留了当地永恒的美丽，通过想象，我们可以再次进入那个瞬间，仿佛身临其境，欣赏当地独特的美景，获得心灵的满足。

值判断的范畴，而且你的理由一定是难以反驳的。但我只需要用一句话，来为自己辩护：人生奄忽，步履真正踏及的地方，能有几处？

延伸思考

1. 通读文章内容，文人雅士常常进行“头脑中的旅行”，普通人也可以如此吗？简要说明理由。

____

____

2. “头脑中的旅行”可以替代现实中的旅行，满足人们对远方的向往吗？请结合文章内容谈谈你的看法。

____

____

心的方向，无穷无尽

名师导读

作者在散文《心的方向，无穷无尽》中指出人们心的方向由自己掌控，不受时空限制，与我们情感的产生地息息相关。当情感产生地汇集起来时你便会发现，心的方向也就是目光的方向，脚步的方向。它们指向的，是祖国大地上的江河湖海，高山平原，一种无边无际的美丽。文章内容丰富，充满哲学的思考，发人深省。

一

此刻，在明亮蔚蓝的天空下，热带十月的炽烈阳光瀑布一样倾泻。目光所及的广阔视域里，不同科属的众多植物茁壮茂盛，一派浓郁恣肆的碧绿，喷吐着生命的活力。①叶片阔大肥厚，藤蔓纷披葳蕤，我仿佛听到枝干中汁液汩汩流淌的声音。千姿百态的花朵，

❶ 运用想象的表现手法，叶片肥厚，藤蔓茂盛，能够想象得到枝干中液体汩汩流淌的声音，展现出植物蓬勃的生命力，使文章更加生动形象。

奇异艳丽，呼喊一样地绽放。[1] 眯了眼睛，逆着强烈的光线望去，在被阳光镶嵌上一圈暗边的巨大云朵下面，几十米高的椰子树的羽状枝叶，向四面八方伸展开来，仿佛一幅充满质感的剪影。

这里是兴隆热带植物园，位于海南万宁。

眼前这些树木花卉，让我的思绪飞向整整三十年前，我到过的中国科学院西双版纳热带植物园。它位于一个被江水环绕的小岛上，因此记忆中水光潋滟。我清楚地记得那条江叫作罗梭江，我曾经一步步试探着走进它的温暖而湍急的水流。那是澜沧江的一条支流，澜沧江流出国境后进入东南亚的几个国家，在那片土地上被称作湄公河。因为童年时读过越南军民抗击美军的战斗故事，这条河流曾经强烈地激发了一个孩子对异域的向往和想象。

两个植物园中的植物大多无异，但相互之间的直线距离就有两千多公里。在它们分别所属的华南和西南的广大区域中，海陆阻隔，江河纵横，山脉连绵。

然而想象能够消弭阻隔，就像我此刻的体验。在意识的调遣下，距离不复存在，方向随意掌控。[2] 佛经中有一句话，“一刹那间为一念”，意念起动时，即使远在天涯，却可以迅疾地化为近在咫尺。

对于身边的日常生活来说，远方往往意味着魅力

❶ 运用比喻的修辞手法，将强烈太阳光下高大的椰子树比作一幅充满质感的剪影，生动形象地展现出阳光下椰子奋发向上的生机景象，展现出热带植物旺盛的生命力与环境的优美。

❷ 引用佛经中的内容，表明意念转换时，即使远在天涯也可以化为近在咫尺。具体说明意识的方向不受虚实的限制，不受时空的限制。

和诱惑，所以才会有“生活在别处”之说，而一句短语“远方和诗”更是广为流传——远方天然地蕴含了丰沛的诗意。

这种诱惑对一个少年尤其强烈。在一望无际的华北平原长大的我，十几岁时因为看到了一本画册而入迷着魔，从此把小桥流水的江南，当成心目中最初的远方。我曾经骑车去十几公里之外大运河边上的一个小镇，只是为了看一眼从那里经过的火车。那是当时的津浦线，沿着铁路一直向南，就能到达我的梦想之地。①看着一列绿皮火车从视野中消失，我想象它到达的地方，那里的天空和土地，城市和乡村，河流和植物，那里的人们和他们的生活，心中有一种模糊的激动。差不多十年后，当我初次踏上那里的土地时，却分明有一种旧地重游的感觉——脑海中无数次的描画勾勒，已经让想象无限接近于真实。

更晚一些时候，陕北高原成为我新的向往。②质朴苍茫的黄土地，曲折蜿蜒的沟壑梁峁，高亢悠扬的信天游的曲调，在我的眼前耳畔，一遍遍地闪现和回荡。当我终于来到陕北，在黄河边上的一次乡间宴席上，酒酣忘情之时，即兴哼唱起了《兰花花》和《赶牲灵》，《走西口》和《三十里铺》。纯朴的主人惊诧于我对民歌的熟悉，猜测我莫非是在这里长大后走出去的陕北

❶ 通过“我”对绿皮火车抵达地方的展开想象，指出“我”无法前往远方，只能通过调用意识抵达想去的地方，聊以慰藉，流露出作者对远方的憧憬与期盼。

❷ 通过对陕北高原上各种地物的展开想象，由于“我”无法前往远方，只能通过调用意识抵达想去的地方，想象着当地壮丽的风景，借以慰藉自己期盼前往远方的心。

娃，让我不禁有一种小小的得意。

随着年龄和经历的增加，曾经的虚幻变作真实，陌生成为熟悉，然而向往也会同步扩展，没有停歇。远方永远存在，远方在远方之外，在东西南北的各个方向。目光尽头的地平线，不过是一个新的起点。①一个声音呼唤你出发，行行复行行，把灵魂朝着天空敞开，把脚步印在永远向前方伸延的大地上。

❶ 内心的声音呼唤“你”前进，流露出作者对前方探索的热情，把脚步印在向前延伸的大地上，暗示心的方向即指脚步的方向，脚步在前方蔓延，表明心的方向不受时空限制，范围很广。

有许多年了，我最喜欢做的一件事情，是在某个清静的时辰，展开一本中国地图册，选取其中的一页，再确定其上的一个或几个地点，放飞思绪。

这其实通常是一种场景回放。②意念抵达之处，多是我曾经留下足迹的地方。不需要闭上眼睛，神凝气定之时，眼前的物件陈设不复存在，我分明看到，一幕幕画面穿越时光和距离，翩然闪现。

❷ 点出意念能够抵达的地方，大多曾留下自己的痕迹，指出自己意念的方向由自己掌控，不受虚实限制，自己的脚步在大地上不断蔓延，引出下文对自己曾经去过的地方展开描述。

那是长白山下延吉州二道白河小镇外的原始森林，脚步踩在厚重松软的腐殖土上，松脂的清香、铃兰花的馥郁伴着鸟儿的鸣叫扑面而来；是被称为“贵州屋脊”的毕节赫章县的韭菜坪，山顶上一望无际的大朵紫色野韭菜花，在呼啸的天风里飘荡摇曳，远眺连绵的群峰仿佛巨兽青黛色的背脊；是浙东南永嘉群峰环抱中的楠溪江，用千百条清澈澄碧的溪水，用奇岩、飞瀑、深潭、古村和老街，打造出了三百里山水画廊；

是新疆伊犁霍城的万亩薰衣草，深紫色花朵波浪般层叠起伏，一直延伸向远处的白杨林带，映照着天地接壤处山峰上的皑皑积雪。

有时候，借助资料和图片，我也会把目光投向某个向往已久而尚未去过的地方。[①]我想象青海三江源头的浩瀚壮丽，西藏纳木措圣湖边飘扬的经幡；想象大凉山漫山遍野的金黄色苦荞麦，大兴安岭深处以驯鹿和猎狗为伴的鄂伦春人家。甚至仅仅是想象，就能够带来一种惬意的慰藉。

❶ 通过自己丰富的想象将远方的地点具象化，展现出各地独特的魅力，表明意念的方向不受虚实的限制，借助想象以慰藉自己对各地的向往。

这些已经去过和或将去到的地方，被造化赋予了各自的美质。壮丽、秀美、辽阔、幽深、雄奇、朴拙……美的形态千变万化，繁复多姿。[②]但对于我来说，它们其实是一样的，或者说最主要的地方是一致的：初次遭逢时，都是一种感动，一种震颤，一道划过灵魂的闪电；而过后，则是一遍遍地回想，在回想中沉醉，在沉醉中升起新的梦想。

❷ 通过自己对各地的认识到回想的心理变化，从开始的感动到心灵的震颤，再至回忆中沉醉与升华，流露出作者对各地景象由衷的喜爱与欣赏。

二

让我记述一次这样的闪电和震颤。它的强度让我此生难忘。

是二十多年前，一次在新疆大地上的旅行。是在天山北麓，汽车穿越连绵交错的农田和林带，即将驶入浩瀚无垠的千里戈壁。就在它的边缘，神话一样，眼前突然闪现出一望无际的向日葵，至少有几十万株吧，茎秆高大粗壮，花盘饱满圆润，花瓣金黄耀眼。[①]它们齐齐地绽放，一片汪洋灿烂，仿佛色彩的爆炸和燃烧。在片刻的惊骇后，我觉察到眼眶中盈满了泪水。

这样的一幕几天后再次上演，在伊犁河谷地的某一处草原上。因为暴雨冲垮道路，车行受阻，等候的时候不觉睡着了。醒来时已经入夜，在懵懂昏沉中走下车，抬眼一望，就像被一瓢冰水迎面泼浇过来一样，刹那间头脑变得清醒无比。[②]四野漆黑一片，只有满天的星斗熠熠闪烁，仿佛被冰山雪水擦拭过一样，清亮晶莹。轻盈飘荡的星光交织弥漫，仿佛发光的白雾，清澈透明，笼天罩地，如梦如幻。从来不曾遇见过这样的情景，一瞬间眼泪夺眶而出，欢快流淌。

不用感到难为情吧。眼泪是一种验证，是灵魂和情感尚且丰盈饱满的体现。而此时此地，它是在强烈地证明着风景的大美。

不像天池、魔鬼城和赛里木湖等北疆名胜，这些让我铭心刻骨的地方，其实在当地都是最普通的风景，普通到无人关注，更不会被写入旅游指南。[③]不过这又有什么关系呢？因为平凡而普遍，它们更能够反映

❶ 运用比喻的修辞手法，将一望无际的向日葵比作色彩的爆炸与燃烧，生动形象地展现出向日葵灿烂绽放的华丽景象，流露出作者对这般美景的喜爱之情。

❷ 运用比喻的修辞手法，满天熠熠闪光的星斗仿佛被冰雪擦拭后般晶莹剔透，将交织弥漫的星光比作发光的白雾，生动形象地写出雨后天空的洁净，星空的璀璨，流露出作者对这般美景的喜爱与着迷。

❸ 运用设问的修辞手法，引起读者的好奇，同时做出回答，指出平凡的地方也存在大自然本质的美，表明即使是平凡的地方也隐藏着与灵魂相呼应的情感联系。

此地的自然之美的本质，也更能够和孕育于风土之中的普遍精神建立起一种关联。

这样的风景，也在云南普洱千年的古茶树林中，在宁夏河套平原黄河水缓慢的流淌中，在呼伦贝尔草原夏日浓烈的青草气息中，在漠河北极村冬日被白雪包裹的深深寂静中，在闽南荔枝和芭蕉树叶油亮的闪光中，在西双版纳月光下的凤尾竹轻柔的摇曳中……

只要倾心相与，你就能够听到每一处大自然的心跳声，捕捉到它丰富而微妙的表情变化。[1] 每一个地方，它们的天气和地貌，植被和物候，天地之间诸种元素的组合，构成了各自独特的声息色彩。而所有这些地方连接和伸展开去，便是一片大地的整体。这是一个巨大的整体，站立在亚洲大陆的东方。

❶ 表明大自然是一个整体，每个地方都有着属于自己元素特点所组成的风景，暗示每个地方都孕育着情感的产生，心的方向即情感的方向就隐藏在大自然中。

久久凝视那一幅雄鸡形状的版图，那些你亲近过的地方，一种情感会在心中诞生和积聚。那是一种与这片土地血肉关联、休戚与共的情感，当它们生发激荡时，有着沦肌入髓一般的尖锐和确凿。

在你的凝视下，大地敞开了丰富而深沉的美。你正是从这里，从一草一木，从一峰一壑，建立起对于一片国土的感情。家国之爱是最为具象的情感，自然风物是最为直接和具体的体现，这样就会明白，我们的前人何以会用桑梓来指代故乡，而“故国乔木”也成了一种广泛的表达。

[①]“胡马依北风，越鸟巢南枝”，因为那个方向，分别是它们的家园所在。动物禽鸟尚且如此，何况是万物灵长的人类。每个人的家园之感，都诞生于某一片具体的土地，而家国同构，无数家园的连接，便垒砌起了整个国度的根基。这种对于土地的感情，真实而有力，远胜过一些抽象浮泛的口号和理论。[②]所以这样的歌词才能够被传唱几十年：“长江长城，黄山黄河，在我心中重千斤。”

甚至一种最为深切的哀痛和悲愤，也可以经由风光和自然来获得寄托。在敌寇铁蹄践踏、国土沦丧百姓流离的黯淡日子里，诗人戴望舒这样写道：

[③]我用残损的手掌，摸索这广大的土地：这一角已变成灰烬，那一角只是血和泥；这一片湖该是我的家乡，（春天，堤上繁花如锦幛，嫩柳枝折断有奇异的芬芳）我触到荇藻和水的微凉；这长白山的雪峰冷到彻骨，这黄河的水夹泥沙在指间滑出……

在山川大地之间，祖国的理念清晰而坚实。

三

我是一名大自然的滥情者，无法将自己的心安放于某一个具体的风景对象。那么多的美在向我招手呼

❶ 引用两汉时期《行行重行行》中的诗句，表明事物都有眷恋自己乡土的本性，具体说明情感的方向就是对故土大地的向往，流露出作者对故乡的思念之情。

❷ 引用歌曲《我的中国心》中的歌词，直抒胸臆，直观地表达了人们对故乡和祖国的眷恋之情，说明人们对乡土及祖国充满无尽的热爱。

❸ 引用诗人戴望舒的诗，表明即使大地上的万物破损，风景不再，也不能斩断我们与故乡和祖国之间的情感联系，流露出诗人对故乡和祖国深沉的爱。

唤，让我迷醉和焦灼，跃跃欲试。

此刻正值溽暑[1]，炙烤般的闷热让我渴望将躯体投入一片清凉。大自然中的水体而不是室内游泳馆，才能够提供一份真正的夏日惬意。我的思绪以故乡冀东南平原上那一条无名的小河为原点，向外延伸。少年时代的好几个漫长夏季，它都是我和小伙伴们不可替代的乐园。①我想到故乡县城十公里外的京杭大运河，想到八十公里外的华北最大湿地衡水湖，想到两百公里外的白洋淀，想到四百公里外的北戴河海滨……水的意念将它们贯通和串联起来。

②那么，我是不是还应该想到桂林甲天下的山水，碧玉簪般的峰峦在青罗带般的碧波中，投下淡墨般的倒影；想到自神农架原始森林里流淌下来的香溪，青黛色的水面曾经映照过王昭君的美丽；想到七月的青海湖畔，金黄的油菜花和碧绿的牧草伸向天边，映照着一望无际的万顷碧波；想到云南高原上抚仙湖的幽深，它的蓄水量相当于十几个滇池，古人用“万顷琉璃”来比喻它的晶莹清澈——这些都是我步履所至之处，目光曾经被它们的清澈洗濯过，手足曾经浸入它们的温暖或者清凉。

这样的名字可以无限地排列下去。③它们在地图

[1] 溽暑：夏天潮湿而闷热的气候。

❶ 作者由故乡冀东南平原上那一条无名的小河为原点，向外延伸不断想象，到京杭大运河、衡水湖、白洋淀、北戴河海滨，意念不断发散没有边际，充分说明意念的方向，不受虚实的限制，随自己掌控。

❷ 通过列举从桂林山水到青海湖畔再至云南高原的抚仙湖的经历，作者不断地回忆想象着曾经脚步所至之处的景色，纵然相距甚远，也仿佛近在眼前，具体说明脚步的方向，不受时空的限制，范围之广没有尽头。

❸ 运用比喻的修辞手法，将地点比作细线与微点，生动形象地表明地图上遍布充满感情与回忆的地方，想到它们眼前波光潋滟，流露出作者对各地的喜爱和向往，感情所系让人回味无穷。

上只是游丝般的细线和芥子般的微点，甚至大多数都不够资格得到标示，但只要一想到它们，我眼前即刻就会一片波光潋滟。

这还只是水系。而山地呢？草原呢？森林呢？大漠呢？任何一个，都可以无穷无尽地展开。而在这所有一切之中奔跑的兽类，鸣啭的鸟儿呢？绽放的花儿，静默的树木呢？这样的推问让我眩晕。美是汪洋无际，是浩瀚无边。它让我欢悦，也让我痛苦。我将遭遇那么丰富的美，我将难以穷尽那么丰富的美。

三十年前听到一个故事，从此铭记在心。当时来中国的日本游客很多，一个旅行团来到内蒙古大草原，篝火晚会就在蒙古包旁边的草地上举行。皓月当空，奶茶飘香，歌声悦耳，舞姿动人，一位老年游客突然放声大哭，老泪纵横。面对惶恐不安以为出了什么纰漏的导游和接待方，老人哽咽着说：“多么羡慕你们，有这么辽阔的国土！”

是的，这是一种幸福。①960万平方公里的广阔疆域，提供了太多的美好和富足。还有什么幸福能和它相比？想到这一点，激动便如同潮水一样涌上心头。

在这一片辽阔的土地上，一个人去过的地方也许很多，但没有去过的地方总是更多。在他的步履和视野之外，无限的美存在于无限的空间中，默默无语或

❶ 设问，引起读者思考，没有什么比祖国地域辽阔、国泰民安、充满自然和人文气息还要让人感到幸福，表明在祖国疆域辽阔的大地上充满着太多美丽的风景和多彩的文化，情感的羁绊使得人们精神富足且幸福，让人心潮澎湃，为祖国富饶而自豪。

者喧哗恣肆。

一些看似不同的事物维度之间，却有着神秘的连接管道。譬如时空是不同的范畴，但时间也最能够描绘空间。[①]夏天晚上十点半钟，我在南疆喀什的街头小馆与当地友人品茶，一边欣赏着落日在西天渲染出一抹红晕，而此刻北京的家人已经准备就寝。同一片天空下，白昼和黑夜分割开各自的统治区域。我也曾在一月份，从冰城哈尔滨直飞海南三亚，登机时身着羽绒服尚觉寒风凛冽，落地时换成短袖，快走几步仍然汗湿。六个小时的航程，我跨越了几个季节。

❶ 同一时刻“我”在南疆喀什街头同友人品茶，而北京的家人已经准备就寝，通过时间上的一致，侧面衬托出空间的辽阔，表明祖国经纬跨距大，地域辽阔。

面对这样广大至极的美好风景，我不止一次地想过，如果不让自己成为一名漫游者，哪怕只是在生命的某个时期，那么实在是一种浪费，甚至是一种罪过，总有一天悔恨会来啃噬。

漫游，让脚步跟随着目光，让诗意陪伴着向往。如果我爱慕的目光在抵达某个具体目标时仍然游移不定，那是因为我有一种对整体的忠诚，需要到更广阔的时空中践行。[②]行走中，远方化为眼前，异乡变成家乡，“无端更渡桑干水，却望并州是故乡”。脚步每当踏上一个新的地方，都是把家园的界限向外扩展。而所有的家乡，它们的名字的组合，就形象地描述出了一个国家的名字，成为对它的标注和阐释。在被这

❷ 引用唐代诗人刘皂《旅次朔方/渡桑干》中的诗句，表明人们对一个地方同样充满情感后，此地便成为“第二个故乡”，人们对故土的情感向往会随着大地不断蔓延开来。

个名字覆盖和庇护的一大片土地上，我们诞生和成长，爱恋和死亡。

曾经看过一部美国电影《心的方向》。退休后的老人无所事事，空虚迷茫，在妻子去世后，他通过反省领悟到过去生活的荒谬，并驾车穿越整个美国去女儿家，为了阻止一桩在他看来会毁了女儿的幸福的婚姻。在这个行动中，他重新获得了生命的充实之感。一个虽然平淡却颇有蕴藉[1]的故事。

但我这里想说的，是电影名字给了我启发。它有一种新鲜而生动的表现力。①我的心的方向，也就是目光的方向，脚步的方向。它们指向的，是祖国大地上的江河湖海，高山平原，一种无边无际的美丽。

❶ 直抒胸臆，点明心的方向是自己目光所及之处、脚步所至之处即祖国大地，自己对祖国万事万物的挚爱之心无穷无尽，流露出作者对祖国真切的热爱之情。

我的心的方向，朝着四面八方，无穷无尽。

延伸思考

1. 文章为何要选择兴隆和西双版纳这两个热带植物园详细描述？

[1] 蕴藉：含蓄而不显露。

2. 文章为何以“心的方向，无穷无尽”作为标题，请结合文章内容简要说明原因。

行走京城

名师导读

《行走京城》是一篇作者对自己曾经生活的北京城回溯以及未来展望的散文，文章按照出行方式的变化顺序展开，表达了作者对北京城深深的喜爱及美好的期盼。随着时代的发展，人们的衣食住行都在改变，三十年弹指一瞬，让我们跟着作者，行走在京城，领略时代的变迁。

---

❶ 交代作者自己的经历，表明作者已经在京城待了三十年，见证着京城的变化。

① 自十七岁告别故乡求学京城，到今天的已届知天命，三十年仿佛弹指之间。回顾其间历程，有三种画面，总是于脑海中反复浮现且互相叠印，都与一个“行”字有关，分别是步行、骑车和开车。

步行，串联起了大学的四个寒暑。除了坐 332 路到首都体育馆看比赛，乘 103 路到中国美术馆看画展和到王府井书店买书，那几年间的生活范围主要是以校园燕园为中心，辐射到周边，所凭借的交通工具基本都是两条腿。脚步踏在地上，应和着年轻的心脏有力地跳动。① 未名湖的塔影波光，朗润园的林木蓊郁，都在脚步的挪移间，袒露美的极致。夏日漫长的黄昏，与同学结伴去圆明园遗址，在当时游人寥寥的福海边，找一片草地躺下来，一任形形色色的梦想萦绕升腾，直到西天的晚霞褪尽颜色。最常去的，当数海淀镇的新华书店和中国书店，从学校西南门出发，穿过一纵一横两条狭窄胡同就到了。胡同所在之地，如今已经成为北四环主道上的一段高架路，车流熙攘，驾车从其上经过的人们，有谁会想到这里曾经的模样？

❶ 直抒胸臆，表达了作者对未名湖和朗润园美景的喜爱之情。

那时，班上有几位北京同学有自行车，自如地穿行在偌大的校园里，十分方便，令大家羡慕不已。参加工作有了收入，这个愿望便不难实现了。一辆坚固的天津产飞鸽牌自行车，陪伴了我十多个年头。单位位于南城，周边的古迹名胜，都是靠了骑自行车游览观赏的。陶然亭公园的楼阁参差、亭台掩映，天坛公园的坛墙环绕、古木森森，都被我无数次地亲近。② 去琉璃厂一条街，仰望传统文化的精深博大；到前门大栅栏，感知商业繁华的遗风流韵。更于千百条纵横交错的胡同巷陌之间，体验普通百姓的寻常日子，

❷ 动作描写，在琉璃厂一条街仰望传统文化，在前门大栅栏感知繁华，形象地表现出京城传统文化底蕴深厚，经济发展蒸蒸日上。

感受弥漫其间的老北京的韵味。车轮辚辚[1]中,生命也在扩展自身，告别青春余韵，平添了一分责任感，一种沉静和笃实。

时光之水流淌得多么迅疾！当新世纪的钟声敲响，和京城成千上万个家庭一样，我也拥有了自己的轿车。国家腾飞的振翅之声，在 20 世纪的最后几年中骤然变得响亮而清晰。具体到一座城市，便是体量的急剧扩展，长高，变宽，其速度令人惊叹。距离的增大，出行的需求，让一个全新的汽车时代在几年间降临，梦幻一般。

油门轻轻一踏，胸间升腾起翱翔的感觉。行走的半径大大增加了，几十上百公里，压根儿不在话下。①东边，去通州的运河古渡口，遥想当年的帆影与渔歌；西边，到门头沟的明清古村落，自精美的石雕砖雕中体味民居建筑艺术的精湛；北边，在密云的深山里采摘新鲜果蔬，齿颊间萦绕一缕清香；南边，于永定河畔的森林小径上漫步，头顶枝叶间筛落斑驳的阳光……散步不外乎几条街道，骑车拘囿[2]于有限区域，而驾驶则无远弗届[3]，收放腾挪，纵横驰骋，以想象力为边界。

❶ 环境描写，通过对城市周边几十上百公里外的风景的叙述，渲染一种愉悦的氛围，表明经济和科技的发展改善了人们的出行方式，流露出作者的喜悦之情。

[1] 车轮辚辚：车轮在不停滚动。文中指随着车轮的不停滚动，时间在飞速流逝。
[2] 拘囿：指拘泥、局限。
[3] 无远弗届：不管多远之处，没有无法到达的地方。

鸟巢、水立方、国家大剧院、798艺术区，还有最新的丰台世博园。都是恢宏的城市交响乐中，一个个响亮的乐句。我不止一次开车带着外地或国外的亲友去参观，已经听惯了啧啧感叹声。与城市装扮得日渐美丽相同步，其内在蕴含也变得越发丰盈、厚重、深刻，令人眩晕而又魅力无穷。

①日升日落，春秋代序，行走是生活和工作的必需，也成为生命存在的最重要方式。

❶ 指出行走是日常生活的必需，更是生命存在的最重要方式，暗示京城经济的快速腾飞，留下了一些问题，引出下文对京城问题的叙述。

京城生息三十载，我熟知她的美丽和瑕疵，光荣和缺憾，仿佛了解自己掌心的纹路。我盼望着，在将来的某一天，道路会变得畅快，堵塞将成为罕见的当日新闻。我会把车载空气净化器撤除，一同消失的还有雾霾等词汇，孩子们将只会在词典里认识它；而遮光眼镜则成为出行的必需，为了过滤总是明亮炫目的阳光，它们正从蓝天和白云之间，瀑布一样倾泻下来，淹没了这座城市。

偶尔，我也会考虑一下更远的日子。距退休还有十年，但十年其实是多么快。②那时不需每日上班奔波，出行时我会视路途远近，重新选择骑车或者步行。一份久违了的从容和悠闲，会再度降临到我的心上。那时，我会避开通衢大道和繁华场所，更多流连于那些洋溢着历史文化情味的所在，一条饱经沧桑的胡同，一座

❷ 作者对退休后日常惬意生活的美好想象，流露出作者对京城历史文化的喜爱之情，对惬意闲适生活的向往之情。

幽静古朴的四合院，远近各处的公园，形形色色的博物馆……红墙背后的绿地公园里，京胡悦耳，唱腔婉转，身段袅娜。心境悠然，我伫足瞩目，观赏第一片绽放的玉兰花，或者第一片飘坠的红叶。

那时候，这个城市的一切，该是被调配得恰到好处，体现出智慧与审美、想象力和创造力的最佳组合。①最传统和最现代的，最本土和最世界的，庙堂的庄严与市井的温馨，古都神韵与九州情味，都市风和田园情，交织融合为一体，圆满浑然，仿佛秋水浸入长天。那时候，女儿会有自己的孩子了，我会带着我的外孙或外孙女，②到一个个我熟悉的地方，讲述它们的前世与今生，历史和传说，看到孩子的眸子里，浮现出仿佛倾听童话一样的光彩。

❶ 想象现代与传统，人文与自然得以完美融合，和谐共存，表达了作者对未来美好的期待与憧憬。

❷ 通过自己对未来生活的美好想象，流露出作者对京城深厚的感情。

这样的想象让我迷醉。

我盼望着所有这一切。

我相信，这不会仅仅是一个梦。

延伸思考

1. 作者为什么认为“鸟巢、水立方、国家大剧院、798 艺术区，还有最新的丰台世博园。都是恢宏的城市交响乐中，一个个响亮的乐句”？请谈谈你的看法。

2. 文章结尾作者为什么说“这样的想象让我迷醉。我盼望着所有这一切。我相信，这不会仅仅是一个梦”，请简要概括说说你的理解。

语言中的铀

名师导读

作者通过散文《语言中的铀》具体说明格言中隐藏丰富的内涵，呼吁人们重视格言。文章引用大量格言和事例，内涵丰富，充满说服力。格言就如同铀元素一般，它是金属元素的一种，但裂变却蕴含着巨大的能量，格言亦是如此，是语言的一种，精练简洁却又内涵丰富。在历史的长河中隐藏着更多珍贵的“铀”等待我们去发掘，跟着作者一起潜游，探寻语言中的“铀”。

不知是否与年龄有关，近年来越来越喜欢朴素简洁的风景，比如北方冬日的田野，视野中空旷疏朗，树木枯干遒劲的线条，映衬着旁边的一两处屋舍，以及远方山体硬朗粗粝的轮廓。这样看来，开始喜欢读格言、谚语等，仿佛也是必然。在语言的繁复纷纭、

摇曳多姿的风景中，它们正是铅华洗尽、最为简练质朴的那一类。

这一点与缺少阅读大部头的闲暇时间有关，但更主要的原因，恐怕还是这个岁数的心性已经喜欢删繁就简，对一切繁文缛节都想跳过略去，直接面对后面的“干货”。格言无疑具有这样的特质。①根据定义，格言是指对人生经验和各种规律的总结，用精练简洁的语言表达出来，而且具有劝诫和教育意义。推而广之，其实谚语警句等也都具有这样的品格，在只言片语中蕴含着厚重深刻的道理。为了方便，这里都用格言来统称。通常是经由两种方式与它们晤对。一种是它们被一条条地搜集，再按照内容分门别类地排列，最终汇集成册，仿佛众多精干士兵列队接受检阅；另一种是独行侠一般藏匿于浩繁文字丛林中的某一条缝隙间，倏然跳将出来，让人眼前一亮，不由得注目凝视。

❶ 交代格言的定义，表明格言具有精练简洁却内涵丰富的特点。

这里堪称是一片丰收的原野，语言的谷穗累累垂垂。②“满招损，谦受益”（《尚书》），“己所不欲，勿施于人”（孔子），“不以规矩，不能成方圆”（孟子），“锲而不舍，金石可镂”（荀子），“前事不忘，后事之师”（《战国策》），“人类的全部尊严就在于思想”（帕斯卡尔），“人生如同道路，最近的捷径往往是最坏的路”（培根），“从一粒沙子可以看见整个世界”（布莱克），“过去是未来最

❷ 通过引用丰富的格言，具体说明格言自古以来数量众多，成为人们智慧的结晶。

好的预言家”（拜伦），“生命最长久的人并不是活得时间最多的人”（索尔仁尼琴）……这样的句子可以无限地抄录下去。此刻写下这些时，仿佛又回到了热衷于搜罗它们的青少年时代。这恐怕是那个年龄极为普遍的嗜好，旨在拿它们来警醒或者激励自己。① 当一个人自身的经历还不足以对生活产生明晰完整的观念时，总是愿意从别人的说法特别是名言中汲取资源，恰如一个孩童，一招一式总爱模仿成年人，追星族更是成为一个庞大群体。

❶ 运用比喻的修辞手法，将人们从名言中汲取知识比作孩童模仿成年人，生动形象地表明格言中存在着成熟的思想与博大精深的智慧，吸引着人们。

条条大路通罗马。语言把握生活主要通过两种方式——形象的和逻辑的，文学属于前者，理论归入后者。格言因为其凝练、深邃并且经常具有形象性，是经常会被置放于两者之间，譬如《论语》，譬如古罗马哲学家皇帝马可·奥勒留的《沉思录》，文学史和哲学史都会提及。事物的本质属性常常在与其他事物的比较中更能够看出。对格言来说，一种似乎匪夷所思的比较，是与长篇小说。两者之间有什么可比性呢？② 就体量而言，无疑仿佛泰山和寸土的区别。长篇小说读来让人过瘾，关键在于它的丰富，或者说这种丰富性是牵连所有其他方面的枢机。它的巨大的体量，错综复杂的人物关系，跌宕曲折的故事情节，繁复细密的细节呈现，这一切常常共同营造出一种令人目眩的效果，

❷ 运用比喻的修辞手法，将格言比作泰山，将长篇小说比作寸土，生动形象地表现出格言精练简洁却内涵丰富的特点。

如同花团簇拥或疾风迅雨，这些怎么是只言片语的格言能够相比的？

但话说回来，不管它们是如何的洋洋洒洒、浩瀚斑斓，经过一层层过滤提炼，浓缩抽象，在大多数情况下，仍然是可以用简短的几句话来概括表达它们的内核的，而这样的话总是具有格言般的特质。这正是两件看似不相干的事物之间的纽结。①曹雪芹写《红楼梦》，尽管自称“一把辛酸泪，满纸荒唐言”，但所揭示的盛衰无常、色空相依、“好即是了、了即是好”，却是明晰确切仿佛具有坚实质感的。莫泊桑的《一生》，女主人公在回顾自己命运多舛的一生时感叹道：“人生既不像想象的那样好，也不像想象的那样坏。”这是全书最后的一句话，彰显了“卒章显其志”的效果。这样的一些话，显然已经可以归入格言，或者具备格言的功能了。②不妨说，所有的长篇小说，实际上都可以理解成是从某一句格言生发铺展开来，是一颗情感或者理念的种子孕育生长的过程。发芽破土，由柔弱的树苗长成粗壮的大树，树冠茂盛，枝叶纷披，鸟雀翔集，跳跃啼叫，雨沐风梳，蔚为大观。

写到这里，我仿佛已经听到不以为然乃至讥讽的声音了。③怎么可以这样简单地对比？谁能够无视展开过程中的价值和美？譬如《红楼梦》，那种性格心理、

❶ 引用曹雪芹《红楼梦》和莫泊桑《一生》中的内容，具体说明长篇小说和作品的内涵提炼后大多是格言内涵的丰富延展。

❷ 运用比喻的修辞手法，将长篇小说比作种子，格言比作大树，生动形象地表现出两者之间的关系，表明长篇小说是格言铺展延伸而来，体现了格言内涵的丰富。

❸ 通过一系列的追问，表明我们不能够忽略内涵形成的过程，没有事物发展的过程便很难得到真谛。

环境氛围、园林馔饮的描绘之美，岂不正是完全自足的东西吗？如果缺失了它们，《红楼梦》的魅力将何处寄寓？没有在回忆中让舌尖重新品尝到童年时吃过的小玛德琳点心的味道，没有椴花茶的香味自岁月深处飘荡而至，普鲁斯特的《追忆似水年华》又何以确定自己的不朽地位？

我完全赞成这些质疑。在其他时候，这何尝不是我要说的话？此刻，在这个特定的语境下，我只是在一种极端的意义上来做出比喻，并非否定其他的价值，不应穿凿[1]地理解。①仿佛摄影时，为了突出作为主体的人或物体，给予它们清晰的特写镜头，而将背景加以虚化处理，但并不等于背景真的就是一片虚空。

前面说过，青少年时代都喜欢搜集格言，但要真正读懂它们，却需要漫长时光的铺垫，需要凭借丰富的生命体验来给予注释。因此，格言是一种更适合老年人，至少也是生命体验较为深入的人阅读的文体。②所以，乡间不识字的白发翁媪说出的质朴无华的话，倒是常常具有格言的意味，就在于它们被风霜侵蚀过，被时光浸泡过。从这个意义上说，格言更被赋予了一种在时间维度上产生和展开的特质，它最深沉的东西

❶ 运用比喻的修辞手法，将事物发展展开的过程比作镜头中背景的虚化，把格言比作人或物体的主体，生动形象地表明我们需要了解事物发展背景，但更应该注重真谛即格言本身。

❷ 表明人们具有一定的经验和阅历后，对事物本质的看法会更加透彻。

[1] 穿凿：非常牵强地解释，把没有某种意思的当成有某种意义的。

是属于时间的。[①] 如果说年轻时热衷于读大部头虚构作品，是在开端眺望未来，借助鲜活具体的物象形态，来窥测真实生活的未知底蕴，那么读格言，则更像是在生命旅途的后段回望过程，更多是为了印证业已获得的人生感悟，有一种借他人之酒杯浇心中之块垒的味道。

❶ 通过对比读虚构作品和格言的不同感受，强调阅读格言可以帮助人们更加透彻地了解生命的真谛，体悟生命的意义。

认识到了这一点，那么就不妨说，格言，就是那一类行走到人生路途的某一处时，不由自主地从心底生发出来的东西。它是抽象过的人生体验，是浓缩了的生命感慨。是概括之上的概括，是蒸馏之后的蒸馏。在这个阶段，生活的外在的鲜活形态已经不再重要，重要的是它的内核，而格言正是对于内核的揭示和表达。

[②] 诗人里尔克在《布里格手记》中写道："应该耐心等待，终其一生尽可能长久地搜集意蕴和精华，最后或许能写出十行好诗。"那一定是最为精华的诗句，具有遗言一般的品质。言简意赅的格言，何尝不可以理解成是一代代人关于生活的遗训？这是千百年来无数生命智慧的凝结。时光的流逝，不会磨蚀而只会增益它们所蕴含的真理的品性。物质世界中，铀[1]蕴藏着

❷ 引用诗人里尔克《布里格手记》中的内容，具体说明简洁精练的诗句如同格言一般，内涵丰富充满意蕴，方能被称为好诗，表明格言是人们长久探索中智慧的结晶。

[1] 铀：银白色，放射性金属元素，铀 –235 是最基本的核燃料，其中蕴藏着巨大的能量。

巨大的能量，一公斤铀-235裂变所产生的能量相当于几千吨优质煤炭完全燃烧的热量。①而格言，就仿佛是语言中的铀。

❶ 将格言比作铀，铀是金属中的一种，很少的量也能裂变产生巨大的能量，生动形象地点出格言也具有精练简洁却内涵丰富的特点。

延伸思考

1. 通读文章内容，谈谈为什么作者说格言是语言中的铀？

____

____

2. 结合全文内容，简要分析青少年为何真正读懂格言需要很长的时间。

____

____

在母语的屋檐下

名师导读

《在母语的屋檐下》是一篇发人深省的散文，作者通过阐述人们大多以及习以为常的母语的作用，让我们深入了解到母语不仅仅是人们交流的方式，同时给予了我们巨大的安全感和归属感，是我们宝贵的财富。我们出生在母语的屋檐下，接受着母语的熏陶，体悟着其中沉淀的历史文化，感受着各地的民俗风情，应该努力将母语的魅力发扬下去，演绎属于我们的新时代，传唱着华夏崭新的故事。让我们一同在作者的散文中感受属于母语的魅力吧。

一

少年时代的伙伴自大洋彼岸归来探亲，多年未见了，把盏作竟夜长谈。[1]他20世纪80年代中期自复旦本科毕业后即赴美，近三十年过去，英语的流利程

❶ 交代朋友出国留学的背景，指出朋友此时英语的流畅程度与母语不分上下，突显后文朋友仍然记得家乡话，表明母语深入人心。

度不在母语之下。我们聊到故乡种种情形，特别谈到了家乡方言，并长时间固定在此一话题上。兴之所至，后来两人干脆用家乡话谈起来。毕竟如今说方言的时候不多，聊天中对个别语词一时感到生疏迟疑时，我就改用普通话，而对方更是习惯性地时常冒出一两句英语。

当时倘若有外人在场，一定会觉得这个情景颇为怪异。

故乡在冀东南平原，方言中有很多生动传神的地方。譬如表示时间的词汇，中午叫作“晌午”，上午便是“头晌”，下午就成了“过晌”，傍晚则叫作“擦黑”。表示动作的，滑行叫“出溜”，整理叫“拾掇”，“我去某某家扒个头”，说的是不会待上很久，很快就离开，仿佛只是到人家门口探一下头。对某件事情感到不舒服是“腻歪”“硌应”，说一个人莽撞是“毛躁”，不爽快是“磨叽”，不靠谱是“不着调”，讲话夸大其词或不得要领是“瞎扯扯”“胡咧咧”，办事没头绪是“着三不着两”。还有一些读音，难以找到对应的字词，暂且不谈。

①本来以为这么多年不使用，很多方言都已忘记，不料却在此时鲜明地复活了。恍惚中，甚至忆起了听到这些话时的具体情境，眼前浮现出了说话人的模样。

❶ 承接上文对记忆中各种方言含义的叙述，引出下文对故乡方言的回忆与联想，表明作者对曾经故乡的方言记忆犹新。

这个词，最早是听已经故去几十年的奶奶说的，那句话，出自耄耋之年的姑姑之口，那个说法，来自村子里一个倔强的孤身老头。

①友人感慨："真过瘾，今天晚上说的家乡话比过去多少年中加在一起都多。"

因为这个话题，很自然地联想到了很久之前的一个场合。一个短期的培训班上，来自不同省份的学员，在一次联欢活动中，分别用各自家乡的方言，描述某个动作、情感、状态。②吴越方言的温软柔媚，东北方言的幽默亲和，陕西方言的古雅朴拙，湖北方言的硬朗霸气，巴蜀方言的豁达谐谑……观众兼表演者们乐得前仰后合，笑声一波波响起。

这真是一次难得的体验。语言通常是作为思维的工具，描绘具体的对象、客体，比如人物、事件、风景，也表达对世界、对生活的观念和看法，而本身却很少作为被打量被分析的目标。但当语言成为目标时，你就会发现，原来它就蕴藏了那样丰富的美，那样奇异的魅力。

③就仿佛人的一双眼睛，通常是用来发现外界万物之美的。但当它本身成为艺术描绘的对象时，也成就了众多名作。④达·芬奇的《蒙娜丽莎》，罗中立的《父亲》，其非凡的魅力、深刻的内涵，离不开对眼睛的出色描绘。前者，神秘的笑容里，似乎有几分隐约

❶ 承上启下过渡，友人表示已经很久没有用家乡话聊过这么久，很过瘾，流露出友人对母语的亲近与眷恋。承接上文对家乡方言的描述，引出下文对其他使用家乡方言场景的展开描述。

❷ 通过列举吴越方言、东北方言、陕西方言、湖北方言、巴蜀方言的特点，表明各地方言各有特色，充满着鲜活的地域气息，流露出人们对家乡的喜爱之情，展现了语言的魅力。

❸ 运用类比的修辞手法，将语言比作人的眼睛，引出下文对语言作为艺术描绘对象时自身特点的展开描述。

❹ 通过列举达·芬奇的《蒙娜丽莎》和罗中立的《父亲》不同的形式但都离不开对眼睛的出色描绘，具体说明眼睛可以作为被欣赏的对象暗示语言同样可以。

的揶揄，几分暧昧的期许，指向的是怎样的人生谜语；后者，被岁月风霜严酷地雕刻过的脸上，凄楚和迷茫的眼神后面，又藏着什么样的卑微的恳求？

光线照射之处，事物明亮而生动。

语言，就是那一道道投射向生活的光束，有着繁复摇曳的色谱和波长。

二

对语言的命名，也如同语言本身一般丰富多彩。

①法国哲学家萨特曾将语言比作“触角”和“眼睛”。凭借着它，我们触摸事物，观察生活，和存在建立起真切而坚实的关系。世界在语言中显现，就仿佛白日在晨曦中降临，就仿佛风暴在云朵中积聚，就仿佛一滴墨汁在宣纸上慢慢地洇开，化为了一只蝌蚪、一片花瓣、一粒石子。

❶ 列举法国哲学家萨特将语言比作“触角”和“眼睛”的说法，点出我们可以通过语言如触角般感受世界，如眼睛般更加清楚地认识世界。

语言当然首先是为了表达和交流，但在这种工具性质的功能之上，更是别有一种自足的、丰富的、博大而精微的美。

深入感受并准确地欣赏这种美，是需要条件的。在一种语言中浸润得深入长久，才有资格进入它的内部，感知它的种种微妙和玄奥，那些羽毛上的光色一样的波动，青瓷上的釉彩一般的韵味。

而几乎只有母语，我们从牙牙学语时就亲吻的语言，才应允我们做到这一点。

① 关于母语，英文里的一个说法，最有情感温度，也最能准确地贴近本质：mother tongue。直译就是“妈妈的舌头”。从妈妈舌头上发出的声音，是生命降临时听到的最初的声音，浸润着爱的声音。多么深邃动人的诗意！在母语的呼唤、吟唱和诵读中，我们睁开眼睛，看到万物，理解生活，认识生命。

❶ 引用英语 mother tongue，引起读者阅读兴趣，引出下文“妈妈的舌头”这一形象的说法，突显母亲的温柔，母语的温馨可亲。

诗作为浓缩提炼过的语言，是语言的极致。它可以作为标尺，衡量一个人对一种语言熟悉和理解的程度。“眼看他起高楼，眼看他宴宾客，眼看他楼塌了”，说的是世事沧桑，人生无常。② “而今识尽愁滋味，欲说还休，欲说还休，却道天凉好个秋”，说的是心绪流转，昨日迢遥。没有历史文化为之打底，没有人生经历作为铺垫，就难以深入地感受和理解其间的沉痛和哀伤，无奈和迷茫。它们宜于意会，难以言传。

❷ 引用南宋诗人辛弃疾《丑奴儿·书博山道中壁》中的诗句，展现出诗人忧愁到极致故作洒脱的状态，表达了诗人关心国事，怀才不遇的哀愁。侧面表明浓缩精练的语言没有历史文化和人生经历作为铺垫，很难理解其中感情与真谛。

对于非母语的异乡人，他时常会遇到各种屏障。认识一个法国人，汉语说得流利，一直自我感觉良好，但有一次却意识到了自己的匮乏。那是听一场相声，逗哏[1]的一方调侃捧哏者，说他的妻子的名字叫作“潘

[1] 逗哏：相声演出中，主要演员在配角的陪衬下，抓哏逗笑；泛指逗人笑。

❶ 通过列举外国人汉语六级考试题目的事例，具体说明文化中存在差异，这种差异需要文化潜移默化的熏陶，不是仅仅依靠语言就可以解决的。

❷ 引用作家张承志的话，表明一篇优秀的作品，如果不能领悟其中精髓，不能悟到作者的内心世界，那么就很难将作品内容真正翻译表达出来。与前文相呼应，指出文化中存在差异，这种差异不是仅仅通过语言就可以阐述清楚的。

❸ 运用比喻的修辞手法，将语言比作阿里巴巴的山洞，将语言背后的文化比作山洞中藏着的稀世珍宝，生动形象地表明文化的丰富内涵，都隐藏在语言之中。

金莲”。他无法明白，一个名字为什么引来了一片笑声。他倒是听说过中国古代有一部文学名作《金瓶梅》，但没有读过。

①流传的手机短信段子，所谓外国人的汉语六级考试题，让人忍俊不禁：成为大龄未婚女的原因，“开始喜欢一个人，后来喜欢一个人”。前后有什么区别？不管这是不是杜撰，确实，前后完全相同的字句中，意思却大不相同。而发现这种歧义，从句读、节奏中获得细致入微的理解，需要的是文化的潜移默化的熏陶。

这些精微细腻的地方，无法准确地转换到另一种语言中。②所以作家张承志很多年前就宣称“美文不可译”。

显然，这一类的隔膜已经不仅仅限于语言本身了，而是属于文化的间隔和分野。

每一种语言都连接着一种文化，通向一种共同的记忆。③文化有着自己的基因，被封存在作为载体和符号的特有的语言中。仿佛《一千零一夜》的故事中，阿里巴巴的山洞里，藏着稀世的珍宝。

三

“芝麻开门吧！”咒语念起，山洞石门訇然敞开，堆积的珠宝浮光跃金。

但洞察和把握一种语言的奥秘，不需要咒语。时间是最重要的条件。① 在一种语言中沉浸得足够久了，自然就会了解其精妙。有如窖藏老酒，被时光层层堆叠，然后醇香。瓜熟蒂落，风生水起，到了一定的时候，语言中的神秘和魅惑，次第显影。音调的升降平仄中，笔画的横竖撇捺里，有花朵摇曳的姿态，水波被风吹拂出的纹路，阳光下明媚的笑容，暗夜里隐忍的啜泣。

❶ 运用比喻的修辞手法，将语言比作窖藏的老酒，随着时间的流逝变得醇香，生动形象地点出了语言的特点，语言中包含着文化，随着时间的推移，文化的底蕴变得越来越深厚，其内涵和魅力便彰显出来了。

对绝大多数人来说，这只能是母语。只有母语，才有这样的魅力和魄力，承担和覆盖。孩童时的咿呀声里有它，临终前的喃喃声中也有它。日升月落，春秋更替；昼夜不舍的流水，亘古沉默的荒野；鹰隼呼啸着射向天空，羊群蠕动成地上的云团；一颗从眼角滑落的泪珠有怎样的哀怨，一声自喉咙迸发的呐喊有怎样的愤懑。一切，都被母语捕捉和绾结[1]，表达和诉说。

当然，在这种几乎是天赋的能力之上，要更好地理解语言的妙处，更要有一颗热爱的心。② 要像屠格涅夫对待母语俄语那样的深情款款——“在疑惑不安的日子里，在痛苦的思念着我的祖国的命运的日子里，给我鼓舞和支持的，只有你啊，伟大的，有力的，真实的，自由的俄罗斯语言！”每种语言都有自己的美。它的质朴或深奥、明亮或幽暗、灵动或凝重，折射着

❷ 引用俄国批判现实主义作家屠格涅夫《俄罗斯语言》中的内容，直抒胸臆，表达了作家对自己祖国语言即俄罗斯语言的热爱，流露出作家对祖国的热爱与眷恋之情。

[1] 绾结：系结；打结。文中指事物各种表现和情绪都被母语捕捉和萦绕关联。

这种语言所负载的文化的特质。在语言中安身立命的作家，无疑对这种美有着最敏锐的感知。

有了这样的情感，一定会被显克维支的《灯塔看守人》深深打动。一位年逾七旬的波兰老人，流浪异乡四十多年后，在南美巴拿马的一个孤岛上，找到一份看守灯塔的工作，生活得以安顿，余生有望平稳。但有一天，他收到了在纽约的波兰侨会寄来的一册波兰大诗人密茨凯维奇的诗篇。①睽违已久的祖国的语言令他激动和沉醉，乡愁如同海面上的波涛汹涌来袭。那一夜，他竟然第一次忘记了按时点亮灯塔，碰巧有一艘船不幸失事，他因而被解职。他重新漂泊，随身携带的只有那本诗集。他并没有过分沮丧，因为有了这册诗集。诗集唤醒他的怀念，也给了他慰藉。

❶ 运用比喻的修辞手法，将浓浓的乡愁比作海面上的波涛汹涌，祖国的语言让他激动沉醉，生动形象地表达了波兰老人对自己祖国深沉的思念之情，展现出语言的魅力。

只有这样，时时怀着一种热爱、虔敬和信仰，才会真切确凿地感受到母语的美和力量。

灭绝一个民族，必须要从剥夺它的语言开始。因为语言连接维系的，是这个民族的历史与记忆。而守护语言，也就是捍卫一个民族的尊严，传递一种文化的基因。②历史上犹太人曾备受歧视和排斥，颠沛流离长达数十个世纪，只因为顽强地保留了自己的语言和文化，才有了一脉薪火相传的坚韧延续。仿佛古诗中的“离离原上草，野火烧不尽”，只缘疮痍满目焦土

❷ 通过列举犹太人历经艰辛方才使得自己的语言和文化得以薪火延续，具体说明语言和文化对于一个民族来说至关重要。

无边之下，生命的根系依然葳蕤。

风靡一时的美国长篇历史小说《根》，也描绘了捍卫母语的悲壮。① 小说中，被从西非大陆劫掠贩卖到新大陆的主人公，在南方种植园中牛马般辛苦劳作的黑人奴隶，一次次逃亡都被捉回，宁肯被打得皮开肉绽，也不愿接受白人农场主给他起的名字，而坚持拥有自己种族的语言的名字——“昆塔”。这个名字背后，晃动着他的非洲祖先们黝黑的面孔，和祖国冈比亚的河流上荡漾的晨雾——独木舟划破了静谧，惊醒了两岸森林里的野猪和狒狒，树冠间百鸟鸣啭，苍鹭一排排飞掠过宽阔的河面。

不能不说的是，我骄傲于自己的母语汉语的强大的生命力。② 五千年的漫长历史，灾祸连绵，兵燹不绝，而一个个方块汉字，就是一块块砖石，当它们排列衔接时，便仿佛垒砌了一个广阔而坚固的壁垒，牢牢守卫了一种古老的文化，庇护了一代代呼吸沐浴着它的气息的亿万的灵魂，也让一拨拨的异族入侵者，最终在它的深厚博大面前，俯首归顺，心甘情愿。

但更多的民族，却不幸成了反面的印证。先之以语言灭绝，继之以文化湮没，终之以民族消亡。③ 马克思曾经指出，语言是一个民族中最稳定的因素。作为文化的载体和组成部分，一个民族的语言一旦消失，

❶ 通过美国长篇历史小说《根》中昆塔面对种种磨难都不愿意更改自己的姓名的事例，具体地阐释了人们对自己文化和语言的坚定信仰。

❷ 运用比喻的修辞手法，将汉字比作砖石，将语言比作壁垒，生动形象地点出语言在历史的进程中守护着我们的文化不受外界泯灭，展现出母语汉语顽强的生命力。

❸ 引用马克思的名言，说明语言是民族文化的客观载体，当民族的语言开始不稳定甚至消亡，民族的文化必将受到冲击，强调语言对于民族的重要性。

整个民族也就难以摆脱被灭亡的命运。澳洲土著，美洲印第安人，曾经是两个大陆的长久的主人。随着欧洲殖民者的到来，短短一个世纪间，被大肆剿灭的不仅是他们的肉体，还有他们的文化。各自有数以百计的语言湮没无存，不复传承。当年他们雄健驰骋的身影，只能通过缥缈的传说和依稀的遗迹，通过今天少量的保留中零星的记载，加以想象性的再现。

那些土著人的后裔，肤色相貌和祖先并无二致，一张口却是流利的英语。英语已然成为他们的母语。①肉身携带了种族的生物基因，但文化的缺失却让他们成了无根的人。

❶点明人们失去自己的语言，会造成文化的传承缺失，失去属于自己文化的人找不到归属感，也就失去了民族身份。

这样的人，行走在人群中，面目模糊，身份暧昧，仿佛一道飘忽的影子。

四

童年在农村度过。记事不久的年龄，有一年夏天，大人在睡午觉，我独自走出屋门到外面玩，追着一只蹦蹦跳跳的兔子，不小心走远了，一直走进村外一片茂密的树林中，迷路了，害怕得大哭。但四周没有人听到，只好在林子里乱走。过了好久，终于从树干的缝隙间，望见了村头一户人家的屋檐。

②一颗悬空的心倏地落地了。

❷心理描写，悬空的心放了下来，体现了自己此时的安心，看到村户的屋檐便感到安心，归属感油然而生。

对于长期漂泊在外的人，母语熟悉的音调，带给他的正应该是这样的一种返归家园之感。一个汉语的子民，寄居他乡，母语便是故乡的方言土语，置身异国，母语便是方块的中文汉字。这或许有违定义的严谨，却是连接了内心的真实。①“官秩加身应谬得，乡音到耳是真归”（高启《归吴至枫桥》），故乡的语言，母语的最为具体直观的形式，甚至关联到了存在的确凿感。

② 语言阻隔的尴尬，在特定的环境中，会演化成为一种切肤的痛感。在纽约皇后区法拉盛的路边小公园里，一位来探亲的福建老人，看着脚下的鸽子在蹦跳觅食，神态落寞。他感慨梁园虽好，语言不通，想去曼哈顿看看，只能等在华尔街上班的儿子抽出时间。他还算不错的，毕竟这里有不少处境相似的华人，彼此间可以用母语交谈。而我的一位邻居，去国三月，寂寞即迅速地升级为难忍的焦灼。他退休后到美国中部的一个小城的女儿家小住。方圆数里的数十住户中，只有他们一家华人。没有人可与交谈，看不懂电视，归去来兮的念头，从时时来袭，到挥之不去。蓝天白云，树木苍翠，清新的空气，深沉的静谧，一切都是那么符合他的期待。但仅仅因为语言，这一切都大打折扣。

一种通常被视作天经地义的状态，此刻，却成为

❶ 引用明代诗人高启的《归吴至枫桥》中的诗句，指出对于游子而言故乡的语言让他们感受到真正的归属感，引申出对于身处异国的人而言，母语会让他们产生真切的存在感与温馨亲切的归属感。

❷ 总领下文，指出语言的隔阂在特定时刻会让人们产生焦虑和迷茫，进而影响人们的生活和精神状态，使人们感受到痛苦。引出下文对相关情况的具体举例阐述。

构成幸福的关键因素。

这样的遭遇，常常不期然而然地通向那种罕见的时刻，启示的时刻，获得神谕的时刻。一个人和母语的关系，在那一刻获得了深刻而准确的揭櫫：因为时时相与，反而熟视无睹。①就像对于一尾悠然游弋的鱼儿，水的环抱和裹挟是自然而然的，不需要去意识和诘问的。但一旦因某种缘故离开了那个环境，就会感受到置身盛夏沙漠中般的窒息。被拘禁于全然陌生的语言中，一个人也仿佛涸辙之鲋[1]，最渴望母语的濡沫。那亲切的音节声调，是一股直透心底的清凉水流。

❶ 运用比喻的修辞手法，把人比作鱼儿，母语比作水，鱼儿生活中水中，就像人处于母语的环境里，失去母语的环境便如同置身于沙漠之中，生动形象地点出人与母语的关系。

今天这个时代，全球化笼天下为一体，交流便捷，信息通畅，但语言反而更加凸显了强势与弱势的差异。英语、德语、法语、日语……商业往来，贸易开展，国际事务，它们是不可或缺的媒介。乃至职位招聘、职称评审，也常常需要跨过它们的门槛。语言霸权的背后，折射的是曾经的荣耀或者当下的实力。但对于绝大多数母语是其他语言的人，它们永远只是工具。他们无法深入感知它的温度质地，它的取譬设喻，它的言外之旨，它的正话反说或者明扬暗抑。这一切，一个人只能从母语中获得。②哪一句话会使心跳骤然加快，什么样的诉

❷ 设问，自问自答，引起读者的注意，启发读者思考母语对人们生活的影响，展现母语的魅力，强调我们应该珍爱自己的母语。

[1] 涸辙之鲋：指水干了的车沟里的鲋鱼。比喻处在困境中急待救援的人。

说能让泪水涟涟流淌？答案深藏在和母语的契约里。

就这一点而言，世界毋庸置疑地公平。每一种语言的子民们，在自己母语的河流中，泅渡，游憩，俯仰，沉醉，吟咏，创造出灿烂的文化，并经由翻译传播，成为说着不同语言的人们共同的精神财富。① 以诗歌为证，《鲁拜集》中波斯大诗人伽亚谟及时行乐的咏叹，和《古诗十九首》里汉代中国人生命短暂的感喟，贯穿了相通的哲学追问；中世纪的意大利，彼特拉克对心上人劳拉的十四行诗倾诉，和晚唐洛阳城里，李商隐写给不知名恋人的无题七律，或者隽永清新，或者婉转迷离，各有一种入骨的缠绵。让不同的语言彼此尊重，在交流中使各自的美质得到彰显和分享。

但所有这些，并不妨碍这一点——热爱母语，热爱来自母亲的舌尖上的声音，应该被视为一个人的职责，他的伦理的基点。他可以走向天高地阔，但母语是他的出发地，是他不断向前伸延的生命坐标轴线上，那一处不变的原点。

爱我们的母语吧。② 像珍爱恋人一样呵护它，像珍惜钻石一样擦亮它，让它更好地诉说我们的悲欢，表达我们的向往。

就像我的一位诗人朋友所写的那样——

在母语的屋檐下，

❶ 通过列举《鲁拜集》《古诗十九首》意大利诗人彼特拉克的十四行诗以及唐代诗人李商隐的无题七律，具体说明不同语言有自己表达感触和体悟的不同方式，我们应该学会尊重不同的语言和文化，这样才能在交流中感受到各自独特的魅力。

❷ 运用比喻的修辞手法，将母语比作恋人、钻石，我们热爱母语要像珍爱恋人，珍惜钻石一般，生动形象地表达了作者对母语的深切热爱之情。同时呼吁人们热爱自己的母语。

我们诞生和成长，爱恋和梦想。
在母语的荫庇中，
我们的生命绵延，幸福闪亮。

延伸思考

1. 请结合文章内容谈谈作者为何回忆童年迷路的经历。

____

____

2. 请结合全文概括作者深情地诠释了母语的哪些意义。

____

____

且认他乡作故乡

名师导读

“且认他乡作故乡”出自大学者陈寅恪的一首诗，流露出诗人无奈的心绪。作者以此为本文的标题，以反衬的手法点明文章的主旨，“且认他乡作故乡”是个人的主动选择。文章一开始先是运用举例、引用的修辞手法描述对故乡的情怀以及其产生的背景，随后以作者自己的亲身经历说明“且认他乡作故乡”是乡情的扩大。故乡的疆域不只是生你养你的那方土地，实际上，它会伴随你的经历、眼界、胸怀的扩大而延展。正如那句话所说，“吾心安处是吾乡”，让我们跟随作者的脚步去体验一场心灵之旅吧！

那一年去阳朔旅游，走累了，便踅摸进老城西街的一家酒吧歇脚。柜台后站着的是一位三十开外的金发男人，用汉语大声招呼着客人，脸上挂着孩子般的

笑容。简单交谈几句，得知他是法国人，故乡在巴黎附近，五年前来中国旅游，喜欢上了这儿，留了下来，并娶了当地的一位姑娘，儿子如今两岁了。免不了有好奇者问东问西，洋女婿开朗俏皮，绕口令般地回答：我喜欢，我习惯，这儿就是我的家！

塞纳河畔长大的老外，自己肯定也不会想到，遥远的中国西南地区一条叫作漓江的河流边的一座小城，成了他的归宿。当时，大学者陈寅恪的一句诗，蓦然跳入我的脑海：且认他乡作故乡。但陈诗写于抗战末期避难西南之时，虽然好不容易取得胜利，但山河破碎，返乡之途阻隔重重，只好将此地当作故乡，① 字句间是聊以自慰的无奈，而面前这位外国年轻人的选择，则分明是主动而愉快的。

对于大多数人来说，生于斯长于斯的故乡，连接了他的生命的深刻记忆，对其产生依恋再自然不过。② “胡马依北风，越鸟巢南枝”，动物尚且如此，何况情感丰富的人类。柳宗元被贬柳州，思念长安，下笔何其郁结：“海畔尖山似剑鋩，秋来处处割愁肠。若为化得身千亿，散上峰头望故乡。”乡愁会贯穿终生，因此倘若叶落不能归根，那样的哀伤当会浃髓沦肌。于右任临终前的绝笔《国殇》，写出了那种锥心之痛：“葬我于高山之上兮，望我大陆，故乡不可见兮，只有痛哭！”怀乡病发作起来，

❶ 开篇运用举例、引用、对比的修辞手法，突出文章的主旨，“且认他乡作故乡”是个人的主动选择。

❷ 引用大量文艺作品，说明对故乡依恋的情感，为下文的论述做了铺垫。

不分畛域。谢晋的电影《最后的贵族》中，流亡威尼斯的老年白俄小提琴手，向潘虹饰演的同样沦落天涯的女主角喃喃倾诉：“圣彼得堡的雪都是温暖的……”

故土之感最为丰沛酣畅的时候，当属已然消逝的农业时代。生活封闭自足，人们安土重迁，悲喜歌哭、生老病死于同一个地方，是人生的普遍样式。除了科举及第等极少数情形外，背井离乡多与战乱、动荡、灾祸等种种不祥之事相连。这种背景下酿造出的故乡情感，既是审美的，同时不知不觉中也被赋予了某种伦理的意义。

不过这里我想说的，却是另外一点。

也许由于乡情乡思太过普遍而达到了覆盖性的程度，使得人们往往忽略了一点，或者是有意地避而不谈——①实际上，也有不少人，是从生身的故乡之外的陌生地方，获得了灵魂的慰藉。那里的风景、气候、饮食、习俗，那里的环境和氛围，种种能够说清和难以说清的东西，黏合在一起，产生了特异的魅力，让他迷恋，产生一种置身故乡般的感觉。

❶ 此句承上启下，引出下文，对陌生地方产生故乡般的情感进行具体论述。

②这样说是有底气的，因为我自己就有深切的体验。读大学时，差不多有两年的时间，从故乡华北平原考入京城的我，却对从未到过的江南，怀着隐秘而炽热的向往。我借助唐诗宋词，上世纪初作家们的游记，以及当时并不多见的有关照片和画作，一遍遍地想象和勾勒我

❷ 以作者自己的切身体会为例证，增添了文章的说服力。

❶ 文学性的描写，使文章更具文采，吸引读者的阅读兴趣，并且与下文照应。

心中的梦境：①白墙黛瓦，春雨杏花，小桥下桨声欸乃，逼仄、幽深而弯曲的小巷中，青石砌就的路面被脚步叩响。正值浪漫的年龄，梦境的最深处，每每会有一个袅娜而模糊的身影。等到毕业数年后终于有机会踏上苏州的地面，我感觉眼前的一切是那么熟稔。

若干年后，广袤的新疆，无论哪个方面都与江南构成鲜明对照的地方，成为我新的向往。我怀着和当年一样的痴迷，在抵达之前热烈地渴望，在返回之后长久地回忆。一望无际灿烂绽放的向日葵，雪峰下蜿蜒迤逦的云杉和塔松，梦幻一般蔚蓝的湖水，果子的甘甜和烤肉的香味，歌声和舞蹈，异族的面容和幽深眸子里的动人之美……

❷ 对文章主旨进行生动形象的描写，便于读者理解，且与下文相照应。

②随着年龄和阅历的增加，在我内心的画卷中，故乡的地盘也在渐渐地扩展。在家乡碧绿茂密的青纱帐之外，我添加上了巴蜀的山川和雾岚，八闽的荔枝树和甘蔗林，彩云之南的阳光和鲜花，等等。我觉得，在这里任何一个地方长住直至终老，都会是无悔的选择。

生身之地的故乡，在这个过程中，从中间位置渐渐地挪移开来。对它依然怀着深情，但不再是唯一。常见有人把某地称为“第二故乡”，恋念之情溢于言表。这让我越来越意识到，所谓故乡，实质上不过是感情深度投注之地。和一个地方朝夕与共，耳鬓厮磨，自然会产生感情，未必拘囿于出生之地。过去一个人很难去到家乡之外的地方，因此对故土的萦系中，多少会有些被动的成分。今天，技术的便利、生活的流动性，让人们行走的半径大幅度增加，倘若某一处地方让我们喜爱，乐意生活于斯，岂非十分自然的事情？

①“生活在别处”。这句被米兰·昆德拉用作小说书名的话，曾经广为流传。它说出了人们向往陌生地方的一种隐秘的动机，这是一种自己也未必清楚的天性。于是，“却让他乡作故乡”，也便有了切实的心理依据。这不好说是移情别恋，因为通常并不会取代对家乡的情感，毋宁说是乡情的扩大更贴近一些。

❶ 引用名人名句，增加文章的说服力。

②这种意义上的故乡的疆域，是随着一个人经历、眼界、胸怀的扩大，随着他对人性的理解、对文化的包容和对理想生活的向往，而渐渐拓展的。这种家园之感有时甚至会跨越了国界。19 世纪奥地利诗人里尔克在游历了俄罗斯之后，为粗犷辽阔的大自然所震撼，写下这样的话：“……土地广大，水域宽阔，尤其是苍穹更大。我迄今所见只不过是土地、河流和世界的图像罢了。而我在这里看到的则是这一切本身。我觉得我好象目击了创造。”与托尔斯泰、列宾等文艺巨匠的会面，则让他受到精神文化上的深深吸引，在给女友的信中写道：“我赖以生活的那些伟大和神秘的保证之

❷ 精炼地总结了文章主旨，并与前文相照应。

一就是：俄国是我的故乡。”

❶ 以身边具体的例子对作者的观点进行论证，增加文章的现实可信度。

①其实也不必远处取譬，身边就有现成的例子。一位同学的父母，年逾古稀，推掉了儿子带他们去美加旅游的安排，执意要趁着尚能走动，去一趟俄罗斯。他们的青春岁月，是听着《莫斯科郊外的晚上》《红莓花儿开》等苏联歌曲度过的，那片土地成为他们心灵中一个牢固的情结。作为曾经的灵魂的栖息之地，那里显然具有一种精神家园的意义。也许现实会破坏心中的那个美好梦境，我也的确听到过有人归来后诉说幻灭感，但那是另一个问题。

❷ 文章结尾使用精炼而又富有文学性的语言进行总结升华。

②心灵所萦系的地方，无疑便是故乡了。

爱故乡，同时把这种爱，扩展到更为广大的地方。这是幸福的一个源泉，汩汩涌流。

延伸思考

1. 文章开篇为什么要描写“洋女婿”的事例？

____

____

2. “且认他乡作故乡”是一种对“故乡”的独特认识，结合文章，说说这种认识产生的原因有哪些？

____

____

★参考答案★

第一辑　大地的泉眼

【为什么不读经典】

1. ①经典本身是纯粹的，它关注事物的本质，在表现形式上不那么具备观赏性，使读者对它产生隔膜。②阅读经典需要充足的时间和从容的心境，而现代人习惯了浮光掠影的阅读。

解析：本题概括原因，考查我们快速整理文章重点信息的能力。文章第一段就提出问题：对经典敬而远之的原因。那么下文一定都是对这一问题的解答，我们只需找出每一段的中心句，比如“经典的纯粹性”“经典对事物本质的追求从而导致晦涩难懂”“阅读经典需要平和的心境，而现代快节奏的生活难以满足”，由此组织语言，回答对经典敬而远之的原因。

2. 举例论证。举曹雪芹在“举家食粥”的窘境中写《红楼梦》例子，证明了经典本身是纯粹的，从而使论证更具体、有说服力。

解析：本题考查论证方法分析。第②自然段运用的主要论证方法是举例论证，作者举曹雪芹在“举家食粥”的窘境中写《红楼梦》，只是想写出“一把辛酸泪”的例子，证明了经典本身是纯粹的，它不打算讨好人，不千方百计诱惑你去读它。作家在写作时，只是要写出他对生活的所感所思和他自己的欢欣与疼痛，从而使论证更具体，更有说服力。

3. 先提出观点：经典关注的是事物本质的东西。接着分析对于同一新闻事件，经典和平庸作品有不同的关注点，突出经典关注的是事物的本质。然后以两部名著为例加以印证。最后，再次强调经典关注的是事物本质的东西。

解析：本题考查的是学生对于议论文本结构框架的分析能力。本文大体上是依照“提出论点—分析问题—解决问题”的论证顺序来展开叙述。那么我们要根据这个大纲：首先提出“经典关注的是事物本质的东西”的论点，然后具体引用两部名著来加以印证此论点，最后文章再次重点指出经典关注的是事物本质，而非现象的东西。此题的关键在于结合上下文内容，点明自己观点的正确性，明确安排此种结构的原因。

4. 材料一，因为材料一论述的是泛娱乐化的时代使人们变得匆忙和浮躁，只能阅读粗浅读物，与第⑥段的观点相符。

解析：本题是开放性题目，主要考查我们的个性化阅读能力以及联系能力。解题关键要明确文章和两段材料各自的主要意思：第⑥段指出“阅读经典需要充足的时间和从容的心境”“现代人浮光掠影的阅读习惯”“人们静不下心去”等，这些跟材料一所说的“匆忙和浮躁”以及“泛娱乐化的时代”观点一致。所以材料一适合做第⑥段的论据。

【尺　度】

1. 尺度无处不在，具有相对性、普泛性、特殊性，尺度的核心是个性，个性的极致与臻于极致的尺度互为表里。

2. 因为在这个复制的时代，没有独特的个性，众多生命的样式便会开始照着同一个尺度铸就，纵使长寿也难以找到自己人生的意义，实现自己的价值，而独特的个性可以让我们定义自己的生存尺度，将自己的尺度打造得更加杰出，成就大写的人生。

【大地的泉眼】

1. 诗潜藏于大地的深处，节气是它涌现的泉眼。

2. 文章呼吁我们重视节气，亲近自然，感知自然，保护自然，从自然中体会诗意，保留心灵的美好，诗意地生活；物质的丰富并不能带来精神的富有。

【大事不着急】

1. 大事是不着急的；大事的尺度是时间；大事着急不得；大事是卓越的、超常态的；大事需要纯朴憨厚的心灵，坚信和虔诚，毅力和耐心，与时间相守相忘。

2. 因为大事有时甚至和体积、数量这些空间范畴并无关系，而表现为一种深刻和纯粹，但大事却注定了和时间结缘。大事既然是卓越的，超常态的，就需要更多的悟性、心智和体力，更深入更持久的劳动，而这些是着急不得的。大事需要纯朴憨厚的心灵，坚信和虔诚，毅力和耐心，与时间的相守相忘。

【大树上的叶子】

1. 一个人和他的祖国。

2. 作者借大树上的叶子倾诉自己对祖国曾经遭受内外困境时的担忧之情，对万千同胞为祖国抗争的敬重之情，对祖国突破桎梏的欣喜，对人们努力恢复祖国繁荣昌盛感到自豪与高兴，同时倾诉着自己对祖国炙热的热爱之情。

【当地名进入古诗】

1. 文章流露出作者对古诗词由衷的赞美之情，以及对传统文化的无限热爱之情。

2. 古诗词可以让读者感受到当地的风土人情，使地名变得生动形象起来；古诗词可以被广为传颂，可以使地名变得广为人知；古诗词中反复引用地名，可以使地名被赋予特定的意涵；古诗词可以与读者产生共鸣，让地名由外在客化的物质上升为精神世界的元件。

【地图上的中国】

1. 在内容上，这是最新被作者做上记号的地点，位置偏远具有随机性，表明地图上的各个地点都存在丰富的历史文化内涵等待人们去挖掘，在结构上，与前文地图上的内容太丰富、太精彩相呼应。

2. 因为地图上的每个地点都隐藏自己的故事，内容丰富精彩，等待作者去挖掘和联想，同时读地图寄托了作者对丰富广阔的生活的向往，又是他和自己对话的方式，更是对母语和国土的一种注目仪式。

【对　坐】

1. 在梦境中意识到自己未来将要和父母永远地分别，醒来后想到父母的年迈，自己与父母相处的时间将越来越少。

2. 父母身体尚好是幸福，此刻陪伴在父母身边，哪怕只是简单的对坐、闲话家常，这点滴相处都是幸福。

第二辑　目光里的松阳

【招　手】

1. ①父母年龄大了，和父母做邻居方便照顾父母；②享受父母的关爱，感觉像回到童年；③看到知道父母安好，“我”感到心安；④和父母做邻居可以经常与父母交流，让亲情不被空间所阻隔。

解析：本题考查对文章内容的理解。文章开头说：“这两年间，我心中最舒坦的一件事，是和年逾古稀的父母做了邻居”，然后全文对“舒坦”的原因作了具体解释；根据“父母年龄越来越大，能够就近照顾他们，是我们兄妹的共同心愿”，可知和父母做了邻居，能方便就近照顾他们；根据“转眼一年过半，我并没有照料他们什么，倒是总受到他们的呵护”“像童年记忆中，母亲抚摸我脸颊的那双手”，可知和父亲做邻居能更近地享受父母的关爱；根据“从窗边向下张望……母亲走在前面，目光平视，父亲跟在后面十几米处，佝偻着腰，看着地面”，可知“我”能天天早上看到父母亲一起散步，得知他们安好，心里也感到安宁；根据“虽然不是每天都去父母家，但每天我都能和他们相见，用的是当初谁也没有想到的方式——招手”，可见与父母亲住得近，可以经常与父母亲交流，空间的阻隔不再是问题，从而使亲情交流更为方便。

2.（1）这个句子运用了动作描写，“停下”“扭转”“仰头”“望”等动词生动形象地写出了父母没看到“我”招手后的担心、挂念和着急，表现了父母对“我”的浓浓爱意。

解析：本题考查对句子的赏析。这个句子在第⑩段，结合“有一天早晨，我忽然萌生一个孩童般的念头”“每次走到面对我家窗边的位置时，都一如既往地抬头望着，一共五六次。但我没有像以往那样，伸出手去跟他们打招呼”，可知因为“我”故意与父母亲开玩笑，没有和往常一样向父母亲招手，因此父母亲非常担心，“他们向东边走，要回自己住的单元里去了，在二三十米长的路上，他们还不时地停下脚步，身体扭转过来，仰头朝我这边望”，运用了动作描写，“停下”“扭转”“仰头”“望”表现了他们由于没看到孩子向他们招手，心中非常疑惑、不安，急切地盼望着能看到孩子的身影，写出了父母对“我”的担心、牵挂，表现了父母亲对孩子细心关爱的亲情。

（2）“顽劣”原指顽固无知，句中指“我”做法的幼稚与不妥。“顽劣”一词表现了“我”对自己这一行为的痛心和懊悔。

解析：本题考查对句子的赏析。结合上下文来理解。根据“不记得第一次招手是怎样发生的，但自从有了第一次，便每天如此，成了习惯”，可知“我”和父母亲遥遥招手已成了固定的仪式。“这样大约过了一个月，有一天早晨，我忽然萌生一个孩童般的念头”，是指“我”突然童心发作，想和父母亲开个玩笑，于是故意在看到他们抬头仰望时没有招手。根据“没过几分钟，电话响了，是母亲打来的。她问：‘今天怎么没看见你，没有听说你要出差啊，是不是生病了，哪里不舒服’”，可见“我”的做法引起了父母亲的担心，因此“我”为自己的做法感到后悔，“心里掠过一丝疼痛”。“我”的想法和做法远称不上“顽劣”，但对父亲心理上引起的焦躁不安却是严重的，因此“我”深感自己行为的幼稚不妥，极为后悔。

3. 这一段收束全文，深化主题。作者希望自己和父母的招手可以永远进行下去，让父母和子女之间的爱永远存在。既表达了作者对亲情的赞美和歌颂，也表达了作者的美好愿望。

解析：本题考查段落作用的分析。结尾段“请你保持这一幕，让我和父母，永远能够像今天这样，相互招手。请将这一幕，固定成永恒的风景”，作者希望能把与父母亲“招手”这一动作长久地进行下去，是希望父母亲健康长寿，让亲情保存得更长久。这一美好愿望，也是天下子女的共同心愿。以此愿望结束全文，对文章表达的赞美亲情的主题是一种深化和升华。

4. 示例一：赞同“抒写家庭亲情”的看法。文中写父母做好饭菜送到“我”家、父母下楼散步、“我”招手同他们打招呼、“我”希望父母健康长寿等生活小事，无不洋溢着浓浓的亲情。

示例二：赞同“对老年人生活状态的关注”的看法。文中的父母，是“我”的父母，同时也是千万家庭中父母的典型代表。“我”的父母距离“我”比较近，“我”能够时刻关注他们，关爱他们，然而像“我”家这种情况的家庭又有多少呢？大部分家庭的父母都与子女分离，他们被迫孤独地生活着。这篇文章显然是作者在提醒人们关注老年人的生活状态。

解析：本题考查文章主旨的分析。本文的主旨，有人认为是抒写家庭亲情，有人认为是对老年人生活状态的关注，这两种看观点都有道理。或选择其中任意一种，结合文章内容进行分析。如果赞同“抒写家庭亲情”的看法，可结合“骤雨来袭，再不用担心出门时窗户大敞，因为他们会及时过来关上；晚上回家，餐桌上经常摆放着母亲做好送过来的吃食——包子或炒饼，茄夹或馅饼”，可见父母对“我”关怀备至。“虽然不是每天都去父母家，但每天我都能和他们相见，用的是当初谁也没有想到的方式——招手”，写“我”每天与父母打招呼；“父母的长寿，让我欣慰；父母的衰老，让我忐忑”，表明“我”希望父母健康长寿，这些事情，都凝聚着父母与子女间的浓浓亲情。如果赞同对老年人生活状态的关注的看法，文中也有较多内容反映了这点。如“父母年龄越来越大，能够就近照顾他们，是我们兄妹的共同心愿”“他们和我，父母和儿子，每天清晨，一方在院子里，一方在房间里，隔着几十米的距离，相互招手。这个动作，成了每天的固定节目”，写“我”能每天看到父母亲，心里非常安宁。但这种不存在空间阻隔的亲情，很多普通人是享受不到的。“空巢老人”数量在不断增加，这是非常严重的社会问题，因此本文也委婉地表达了对关注老年人生活状态的重视。

【快乐墓地】

1. 快乐墓地这样的地方，它们的存在像是老天故意安排的，用来启示人们明白关于生与死等一系列重要问题的。

2. 我们观念中的死亡充满着本能的恐惧，而快乐墓地却不同，给人一种死亡到来时的坦然接受的感觉，是两种不同的态度。

【流泪的阅读】

1. 语言富有感染力，内容丰富让人感动，作品中充满感情，能够引起读者情感甚至灵魂的共鸣。

2. 因为如今的作者更热衷于表达世俗的、琐碎的感情纠葛和情操，以一种超然物外的状态在创作，不能深入体会作品中人物的情绪变化，使得作品缺少情感和心灵上的共鸣。

【目光里的松阳】

1. 文章以“我”的视角展开，使文章条理清晰，结构分明；通过“我”的所见所闻，更加直观地展现出松阳之美，抒发了作者对松阳生态环境及生活方式的向往之情。

2. ①生态环境优美；②文化底蕴深厚，充满传统美学的韵味；③传统生活方式得以活态传承。

3. ①我们要善于借鉴，将劣势化为自身优势；②在当今现代化的潮流中，避免盲目从众，坚定自己的本心，保持自己的本色；③要坚持保护性发展，体会历史文化的魅力，将其延续并传承下去。

【那个冬天我走进地坛】

1. 作者引用《活出意义来》，旨在说明懂得为何而活的人才能够忍受住命运施予人们的痛苦，表明史铁生在地坛中找寻到自己活下去的意义，并且顽强地坚持下去。

2. 作者多次前往地坛，不仅是观赏地坛中的自然人文风景，也是对史铁生在地坛中心路历程的仔细探寻，同时表达了作者对史铁生的怀念与敬意。

【钱塘江尽到桐庐】

1. 自古至今，无论人世如何变化，大自然始终散发着宁静淡泊的诗意，使人萌生对自由洒脱的自然生活向往之情，具有抚慰人们心灵，拓宽人们视野，供人们感悟真谛，提高人们生命意义的作用。

2. 我认同桐庐人们的“慢生活”理念。慢生活是一种生活态度，一种健康的心态。它不是拖延时间，而是找到生活与工作之间的平衡，张弛有度，提高生活质量，可以帮助人们在如今高速发展的时代里，静下心来，关注心灵、环境和传统文化，更好地发现和体会自然之美，感悟生命的意义，从而找到属于自己的节奏，提高生活的幸福感。

【岁月河流上的码头】

1. 华夏的民俗节日承载了人们对生产生活、乡土感情的美好愿望，同时铸造民族的精神和文化的基因，使人们产生集体的身份认同和共同的历史归属感。

2. 将河流比作岁月，民俗节日比作码头，人生仿佛河流上的行舟，生动形象，富有感染力；河流与码头相互依存的密切关系，就像民俗节日与我们一般，民俗文化充满感染力，让我们自身的归属感不禁油然而生，引起读者共鸣。

第三辑　心的方向，无穷无尽

【目光里的松阳】

1.B

解析：本题考查文章内容理解分析。ACD 正确；B 有误，第④段主要写了古村落不仅弥漫着传统美学的韵味和情致，还有丰厚的蕴含。故选 B。

2. ①溪流、古树；②街巷；③廊道、天井、方砖、雕刻、彩绘等。

解析：本题考查提炼文章信息的能力。①结合课文内容，从“来到村头，或者是一道溪流，溪水汩汩有声，清净见底；或者有一棵甚至几棵高大粗壮的古树，伸展的树冠遮住了一大片地面”中可知，描写的景物是溪流、古树。②结合课文内容，从“再向里走，街巷里大青石铺就的石径弯曲幽深，石径的边沿和墙脚交界处，覆盖着一层湿滑的绿苔；街巷两侧分布着宗祠、水井、水槽、晒谷坛……这些在别处早已经消亡的典型的农村建筑和器具，仿佛一位位耄耋老者，虽历经沧桑却安然无恙”中可知，描写的地方是街巷。最后一空，根据“随意推开一扇老旧的门板，走进一座老宅，都会看到曲折的廊道、萦回的天井，地面的方砖大半已经龟裂，纹路纷乱；房屋里外上下，石雕、木雕或彩绘到处可见”，明确最后一空是廊道、天井、方砖，雕刻、彩绘等。

3. 示例：①古村落既有美学价值，又有文化价值，要注意保护，不能一拆了之；②古村落保护要注重人文关怀，考虑人居环境；③静谧古雅的氛围、诗意的生存方式、浓郁的人文气息，在现代社会弥足珍贵。

解析：本题考查理解作者的观点。“古村落中这些传承数千年的文化价值，滋润着一代代人的灵魂”，古村落有文化传承，应注重保护，“通过设施改建，西屏街既提高了居住舒适度，又较为完好地保存了当年的样子，堪称街区‘活态传承’的样本。位于半山腰处的平田村，在古村落改造中强调‘原真性保护’，28 幢老屋被改建成不同档次的民宿，以品位不俗、知名度高吸引着大批的游客”与“这样的古村落在不少地方或者被拆除，或者住户被迁走，只留下徒有‘古老’外壳、毫无‘人气’的所谓的旅游项目”对比，表明作者对松阳保留古村落的外观，还关注居住环境的赞扬；“这里静谧古雅的氛围、诗意的生活方式和浓郁的人文气息，便愈发显得可贵”体现作者对松阳这种氛围的喜爱。

【停止与开始】

1. 停止意味着新的开始，意味着变化，意味着打开一种新的可能性。停止忙碌的生活和追名逐利的脚步时，人才能有心境欣赏美，与自然对话。停止一段生活是为了开启另一种生活，伟大的人格和伟大的事业都是在不间断的停止中生长出来的。在快节奏的现代社会中，停止是为了调整与校正，是为了认清自己，找到属于我们自己的路，再重新出发。

2. 文章最后引用诗人的话，旨在建议人们抓紧时间找准人生的方向，重新上路。

【头脑中的旅行】

1. 普通人也可以，“头脑中的旅行”不是才华横溢的诗人雅士独有的专利，普通人通过自己的努力，变得细腻善感，同样可以在卧旅中得到身临其境的体验。

2. “头脑中的旅行”与现实中的旅行各有优势，互相不可以替代，两者互补，我们能够更好地满足自己对远方的向往。要知道百闻不如一见，条件具备的情况下，现实的旅行可以带我们领略各地不同的自然风景和人文风俗；不具备旅行条件的情况下，“头脑中的旅行”可以帮助我们构建起远方美丽的景象，让心灵世界更加充实美好；现实有限而想象无限，头脑中的风景与现实相交融，可以为眼前的景象增添不一样的风采，使旅行变得更加富有意义，同时更加丰富我们的想象力。

【心的方向，无穷无尽】

1. 选择兴隆和西双版纳这两个热带植物园是因为它们相距遥远，可以体现出调遣意识不受时空的约束，距离的限制。

2. ①心的方向即指意念的方向，随自己掌控；②心的方向即指脚步的方向，不受时空的限制，范围之广没有尽头；③心的方向即指情感的方向，与情感的产生地息息相关，对家园、祖国的热爱经久不息，无穷无尽。

【行走京城】

1. 因为这些事物使得京城更加美丽，是科技发展的杰作，丰富着京城的历史文化底蕴，它们展现着京城新的面貌，包含着作者对京城科技飞跃发展的欣喜。

2. 作者希望未来的北京在经济发展的同时，也拥有良好的生态环境，同时保留着深厚的文化底蕴，使这里的人们生活感到惬意与幸福，作者期盼着这样的愿望可以实现。

【语言中的铀】

1. 格言是指对人生经验和各种规律的总结，用精练简洁的语言表达出来，而且具有劝诫和教育意义；格言是语言中的一种，精练却隐藏着丰富的内涵，就如同铀一般，是金属元素中的一种，但裂变却有着巨大的能量，称格言为铀是基于它们拥有相通的特性，外表普通却内涵丰富。

2. 因为格言是时间沉淀的产物，是对事物内核的揭示和表达，读懂格言需要一定的阅历和经验，它是抽象过的人生体验，是浓缩了的生命感慨，像是在生命旅途的后段回望过程，更多是为了印证业已获得的人生感悟，有一种借他人之酒杯浇心中之块垒的味道。

【在母语的屋檐下】

1. 作者回忆童年迷路经历，在文章内容上，借孩子迷路比喻游子离开母语的故乡，强调母语给予人们深深的安全感，在结构上呼应文章标题“屋檐”，点题，同时引出后文议论。

2. 母语可以拉近人与人之间关系；母语可以自由地抒发自己的感情；母语蕴藏着文化基因；母语给予人们家的归宿感和满满的安全感；各族人民用母语创造了人类共同的精神财富。

【且认他乡作故乡】

1. ①对具体的事例的描写，引人入胜，一开篇就引起了读者的兴趣；②通过与下文陈寅恪的事例进行对比，点明文章主旨；③一个外国人把阳朔当作故乡，增加了文章的表现力。

2. ①在出生地之外，心灵萦系、能使人获得灵魂慰藉的地方，会让人产生置身故乡般的感觉；②随着经历、眼界、胸怀的扩大，随着对人性、文化、生活的理解的加深，故乡的疆域会逐渐拓展；③随着社会的发展，人们生活半径的扩大，“第二故乡”也会逐渐增多。

— 中高考热点作家 —

中考热点作家

序　号	作　者	作　品
1	蒋建伟	水墨色的麦浪
2	刘成章	安塞腰鼓
3	彭　程	招　手
4	秦　岭	从时光里归来
5	沈俊峰	让时光朴素
6	杜卫东	明天不封阳台
7	王若冰	山水课
8	杨文丰	自然课堂——科学视角与绿色之美
9	张行健	阳光切入麦穗
10	张庆和	峭壁上，那棵酸枣树

高考热点作家

序　号	作　者	作　品
1	王剑冰	绝版的周庄
2	高亚平	躲在季节里的村庄
3	乔忠延	春色第一枝
4	王必胜	写好你心中的风景
5	薛林荣	西魏的微笑
6	杨海蒂	北面山河
7	杨献平	人生如梦，有爱同行
8	朱　鸿	辋川尚静